世眼繁盛

吴文化器物与文献研究

程义 著

辛丑榴月
叔宝署

上海古籍出版社

本书为姑苏宣传文化人才项目成果

自　序

　　有机会把自己十余年来有关苏州博物馆馆藏文物研究的文字拼凑成文集本来是一件令人高兴的事，但对我这样长期从事编辑工作的人来说真是一件很痛苦的事。这些文字有的发表在报纸上，有的发表在学术刊物上，有的发表在论文集上，因此格式五花八门，长短也参差不齐，要整理成一本像模像样的书，颇费气力。但好在这些文字大多是对本馆原始文物资料的披露和介绍，如果能够集中起来，便于关心苏州历史文化的人参考利用或者批评指正，我想也就尽了一个文物工作者的职责。从这个角度来考虑，我又乐意花点力气完成这个枯燥的工作。

　　离开陕西师大来到苏州博物馆，工作的性质和方式发生了剧烈变化，长安唐墓的研究也已经告一段落。过去的研究主要是以别人发表的资料为对象，现在面对的是大量没有发表过的材料。到苏州博物馆工作后，第一个任务便是组织编辑出版部，主要目的是将本馆馆藏文物按计划整理出版，后来陆续又参与了文物征集和展览策划。在开展这些工作的同时，研究的重心也自然而然地转向了馆藏文物的研究。收入本书的文章就是在编辑本馆馆藏系列图录、征集文物和策划展览过程中的学习和思考所得。按照时代和文物类别，本书内容分为以下几个方面：

　　第一，古剑文物，共收入 7 篇。苏州是吴国故地，但很可惜历年出土文物中竟然没有一件带铭文的吴国文物。经过多年努力，承蒙各位师友的大力支持，陆续征集到吴越古剑多柄，吴王夫差剑、吴王余眜剑更是剑中绝品。为此撰写了部分考释、推介这些文物的文字，特别是吴王余眜剑解决了吴国史上余祭、余眜的王年问题，铭文中的"姑雠"一词极有可能是"姑苏"的对音。这应该是近些年来吴国史研究的突破之一。

第二，茶相关文物，共收入 3 篇。秘色瓷莲花碗和秘色瓷一直是苏博的一个主流话题，但很多问题都未有明确结论，所以有必要将其进行再研究。"茶"这个字的出现，更是农技史、文化史上的一个难题，我用文物铭刻直观给出了答案。

第三，艺术文物，共收入 4 篇，包括王蒙竹画两篇、馆藏石刻线画一篇、忘忧草堂印话一篇。本馆在 2009 年举办过一个墨竹的展览，馆藏王蒙竹石图是其中一件展品。本来我对字画素无研究，但为了这个展览，不得不对墨竹画做些了解。在整理资料时发现，这张被《中国美术全集》和《中国书画全集》收录的名画，以考古的眼光看，构图却有些别扭。因此就萌发了对其做些探讨的想法。通过类型学的比对，我发现这张画和台北故宫藏的另一张王蒙的竹画构图非常接近，只是本馆藏画的左半缺失。因为在研究这幅作品时收集了很多相关资料，顺势就写了王蒙画竹艺术的小文。三国黑松林石刻线画屏风是目前所见体量最大、最接近绘画真迹的文物，也收入本书。另一篇是忘忧草堂印话之一，实际是读印的小札记。我从上大学时就喜欢收集印章的资料，硕士阶段因为一篇关于唐代官印的小学科论文，而将论文方向定在隋唐官印，最后以此获得学位。把这篇札记收入本书，以示爱好和学习两不误也。

第四，墓志文物，共收入 4 篇。本馆历年发掘墓志，部分已移交给苏州碑刻博物馆，收入《苏州博物馆藏历代碑志》共 158 方，其中张万顷墓志、胡献卿墓志相对重要，在整理时略有所得，随手成文刊布。

第五，宗教文物，共收入 5 篇。本馆宗教文物主要包括两塔文物、唐宋经幢以及林屋洞投龙遗物。两塔文物是本馆最重要的藏品，我们有很多老同志都参与过该批文物的入藏和修复。我们利用这些便利条件对这些文物又做了一些新的研究。林屋洞文物入藏后一直未正式报道过，并且按材质将其分入考古出土文物、石刻和金银器等库房。在选择出土文物分册文物时，经过核对帐目才将其全部集中起来，共计 8 条金龙、3 枚玉简、3 枚金钮、6 件瓷器。因为用于绑缚金龙玉简的青丝（麻）易腐朽而无法保存，所以这批文物是目前已发现的最完整的道教投龙用品，包括龙、简、钮、丝中的三种，非常珍贵。

最后对书名做点解释。本书是在苏州博物馆工作期间完成的，内容都是关于馆藏文物的研究。记得刚来苏州的时候，有一次在松鹤楼聚餐，座中有本馆员工，也有考古部的技工。当时有位老先生语重心长地对我说，不要以为你是博士，对苏州的理解你还差得很远，也许还不如他们几个技工，要像个小学生一样好好学习，才能在苏州站稳脚跟。这话听着不太好听，但道理蛮对。三人行必有吾师，当学生挺好的，可以不懂、可以犯错、可以问老师……在研究路上我永远是个蹒跚学步的小学生。所以最后将书名定为"学步集"，以纪念人生中这段岁月。

是为序！

辛丑九月于忘忧草堂

竹 石 辉 映

墓 志 述 史

佛 道 之 义

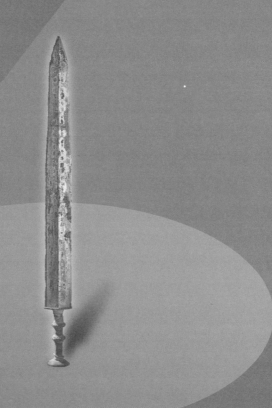

话剑论铭

吴越铸剑三绝研究的新进展

东周时期，诸侯争霸，战争频仍，由于兵器质量直接关系战争胜负，加之当时王公贵族大兴佩剑之风，促使兵器技术迅速提升，其中尤以吴越兵器冠绝一时。《周礼·考工记》："吴粤之剑，迁乎其地而弗能为良。"《庄子·刻意》："夫有干越之剑者，柙而藏之，不敢用也，宝之至也。"出土文物证明，吴越诸侯拥有的铜兵器，确实精湛无比。特别是 1965 年越王勾践剑和吴王夫差矛在湖北相继出土后，由于其独特的装饰工艺和异常良好的保存状态引起了考古文物界和科技界的极大兴趣。复旦大学、中国科学院、北京科技大学、上海博物馆等科研单位使用最新的科研设备对其展开了持续的研究。通常将复合剑、剑首同心圆、菱形纹称为"吴越铸剑三绝"。随着无损检测手段的进步，特别是 CT 技术的应用，吴越三绝的研究又有了新的进展，特介绍如下。

一、复 合 剑

所谓复合剑，指剑脊与剑刃用不同配比的青铜合金二次铸造剑身的青铜剑（图一，1、2）。青铜是铜、锡、铅的合金，铅在合金中占比很小，合金的柔韧性、硬度是由铜与锡的配比决定的。当时铸造匠师已经熟练掌握铸造不同器物铜锡合金配比。《周礼·考工记》记载："金有六齐（剂）：六分其金而锡居一，谓之钟鼎之齐；五分其金而锡居一，谓之斧斤之齐；四分其金而锡居一，谓之戈戟之齐；参分其金而锡居一，谓之大刃之齐；五分其金而锡居二，谓之削杀矢之齐；金锡半，谓之鉴燧之齐。"复合剑的铸造过程是先用含锡量较低的青铜合金铸剑脊（这种合金韧性强，不易折断，但硬度低），剑脊两边留有榫头，然后用含锡量较高的青铜合金包住剑脊两边的榫头铸成剑身（这种合金硬度高，开刃后特别锋利，但易折断）。两种合金结合铸成的剑就有外锐内韧、刚柔兼备的特点。复合剑的剑脊因含锡量较小，呈现红黄色，剑身含锡量较大，呈现黄白色，一剑双色，所以一般称"双色剑"。《吕氏春秋·别类》相剑者曰："白所以为坚也，黄所以为韧（韧）也，黄白杂，则坚且韧，良剑也。"这是古人的观测结果，和现在发现的复合剑基本相同，只是因为氧化层的缘故，我们看到的色差没有黄白那么强烈。

通常认为复合剑的低锡部分为剑脊及榫头，但上海博物馆丁忠明团队对山东新泰周家庄战国早期齐国墓的 2 把青铜复合剑进行了内部结构、制作工艺、合金技术、金相组织等方面的研究。结果表明：2 把青铜复合剑均采用低锡合金和高锡合金两种材料复合而成。在检测分析的基础上，讨论了新泰出土的 2 把青铜复合剑与吴越特色青铜复合剑制作技术上的差异：低锡区设置在剑脊与剑刃之间，在剑身上不同部位的截面结构呈现 4 个燕尾槽形、2 个六边形、1 个哑铃形的 3 种形式，使得低锡与高锡两种合金结合得浑然一体，更为牢固。在成分上，复合剑的低锡区采用约 4% 的 Cu-Sn 合金，取其最好延伸率，以提高剑的整体韧性。高锡区采用含 Sn 17% 以上的 Cu-Sn-Pb 合金，取其高的强度和硬度，以提高剑的锋利程度，在使用中具备更好的砍杀作用。两种合金的结合使用，充分体现了东周工匠已经掌握了锡含量对青铜机械性能的影响。虽然技术原理和传统的复合剑相同，但低锡区的位置分布则不同于一般复合剑，显示出更为复杂的结构。这一研究结果表明，东周青铜复合剑制作技术的复杂性、多样性，铸剑师们已经能够在既有技术原理的指导下，自由设计铸件结构（图一，3、4）。

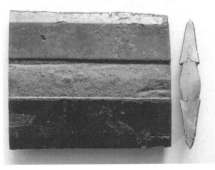
1. 普通复合剑截面

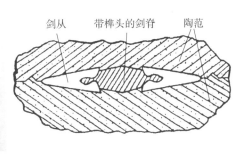
剑从　带榫头的剑脊　陶范

2. 普通复合剑铸造示意图

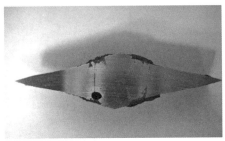
3. 新泰复合剑截面

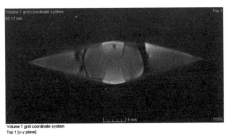
4. 新泰复合剑 CT 截面

图一

二、同心圆纹

剑首同心圆指位于剑首端部的一圈圈同心圆的装饰。这些同心圆由厚度 0.3 至 0.8 毫米、间距 0.3 至 1.2 毫米不等的多圈薄壁凸棱组成。勾践剑剑首同心圆 11 层，有的多达 13 层。通常在同心圆的槽底分布着极细的凸起栉齿纹、绳纹等纹饰。

如此精细严密的薄壁同心圆，槽底又有凸起的纹饰，这种装饰即使在现代亦很难加工，那么在多年前又是如何制成？这一问题令研究金属工艺史的学者困惑不解。如果薄壁同心圆是采用类似车削的方法制成，而当时不可能有车削青铜的工具，何况槽底的绳纹等车削时无法制出。如果是失蜡铸造成形，则必先制造一件与剑首形状相同的蜡模，方可制范铸出青铜剑首。然而制蜡模时由于模型无法排气，蜡模既难成形，又无法脱模，何况此模型亦难以制作，故不可能是剑首成形方法。如果是组合陶范铸造法铸成，那么必须探索陶模或陶范是如何制成的。

上海博物馆谭德睿团队经对多件剑首考察发现，薄壁同心圆凸棱的槽底有凸出的绳纹，表明剑首同心圆应是铸造成形，不可能由青铜车削而成。剑首与剑茎表面色泽不同，互相间有铸接痕迹，表明剑首系单独铸成。薄壁同心圆凸棱的同心度相当高，表明其陶模或陶范的制造可能应用了类似轮制法成形工艺。若用车板轮制法先车制剑首陶模，经焙烧强化后，从此陶模上翻制剑首陶范，脱模时陶范上一圈圈薄壁陶范极易断裂，此法无可操作性。若用车板轮制法直接车制出剑首内范，不仅一圈圈薄壁陶范不易断裂，且可在此一圈圈陶范顶部刻下凹绳纹，即可铸出凸起的绳纹，此法最有可能成形。据此分析，古人很可能不制陶模，而是用车板轮制法直接车制出剑首范（图二，1、2）。

一般认为同心圆纹剑首因为要保持铜液的高流动性，必须采用独特的合金配方，所以要采用预制和套接技术将剑首和剑体连接在一起。大部分的同心圆剑首也确实如此，但最近丁忠明团队对山东新泰周家庄出土青铜剑的研究，给我们提供了新的认识。该团队采用 X 射线探伤机、CT 检测了 3 把同心圆首剑。检测结果显示 3 把同心圆首剑采用了 2 种铸造技术，即浑铸技术、铸接技术。其中 M61：3 采用了混铸技术，M24：2 采用 2 段式铸接，M1：55 采用 3 段式铸接成形。另外，通过 CT 扫描，发现在同心圆剑首铸件的榫头分为主榫头和次榫头，主榫头用于附件与主体的牢固连接，次榫头用于防止附件的脱落。主、次榫头设计独特、合理、规范，独具匠心。设计结构的重现有助于对古代铸造技术有一个更为全面、精确的了解，同时认识到古代工匠简易、实用的设计理念（图二，3、4、5）。

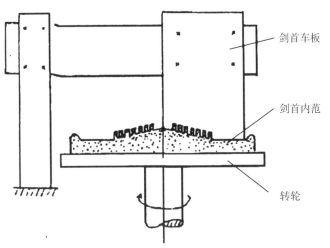

1. 同心圆剑首内范制作示意图

剑首车板

剑首内范

转轮

2. 同心圆纹内范及其铸
件成品

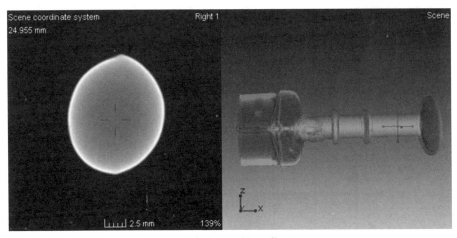

3. 新泰 M63−3 剑 CT 截面

图二

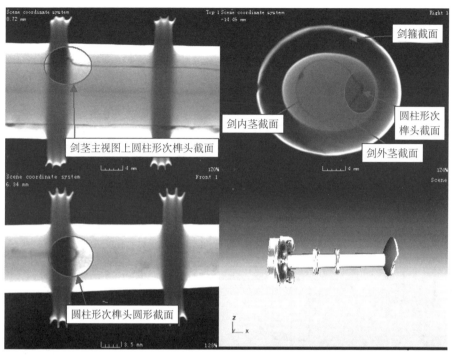

4. 新泰 M1-55 剑 CT 截面

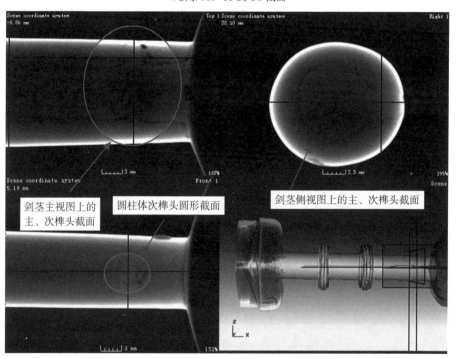

5. 新泰 M2-24 剑 CT 截面

图二（续）

三、菱形纹

菱形纹是指东周兵器表面的一种装饰，这种装饰多由双线交叉构成，至锋部菱形逐渐缩小，大多数线条匀称规整，仅在个别兵器上偶见划线不准而不在一直线上的现象。线条交叉处又饰有多种形状的图形，或直线，或菱形，或椭圆。因为经过氧化以后，纹饰呈暗黑色，所以有时候也被称为"菱形暗格纹"（图三）。

最早注意中国青铜兵器表面现象的外国学者可能是法国考古学家卫松（Andre' Vaysonde Pradenne）。1922年，他在法国考古学杂志上曾发表周代铜戈等兵器的化学成分，并认为可能是外镀形成。抗战时期，中国兵器史先驱周纬也注意到这一现象。上世纪七十年代美国华盛顿佛利尔艺术馆、加拿大多伦多大学以及复旦大学和北京钢铁学院等单位开展了初步研究工作。佛利尔艺术馆的齐思（W. T. Chase）博士和加拿大多伦多大学的富兰克林（U. M. FrarkLin）教授等人对菱形纹饰矛进行了化学成分和金相分析，对其形成工艺进行了推测，认为是采用植物酸或酸性天然盐蚀刻兵器，然后运用某种浸取或渗透工艺形成纹饰。复旦大学等单位通过X荧光非真空分析对越王勾践剑的基体与纹饰进行成分分析，证实基体为锡青

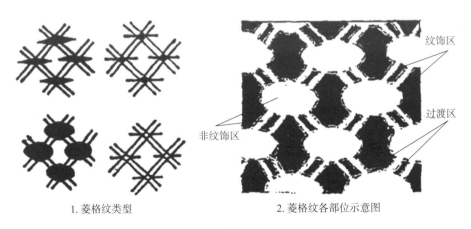

1. 菱格纹类型   2. 菱格纹各部位示意图

图三

铜，纹饰为含锡较高的铜合金，认为剑身花纹为硫化处理而形成。2000 年上海博物馆谭德睿团队发表了对菱形暗格纹的研究成果：通过铸造成形法、表面激冷法、表层合金化工艺、擦渗工艺、热浸渗工艺、金属膏剂涂层等工艺对该纹饰进行了模拟实验。经多种模拟实验筛选后，确认金属膏剂涂层工艺能在青铜兵器基体上形成表面反应层，该层中的细枝晶结构和成分与文物标本非纹饰区表层的细晶区中的结构和成分一致，是一种符合当时条件的表面细晶技术。由此判断，该工艺为东周时期采用的菱形纹饰处理工艺。将金属膏剂规则地涂覆于剑的表面，经处理后，无膏剂的部分仍呈现剑用锡青铜的黄色，有膏剂的部分因含有较高的锡而呈现银白色，由此可知当时制成的是表面呈黄白相间的美丽纹饰。

但这一研究成果受到铸造专家董亚巍研究员等人的质疑，董亚巍等人认为：在青铜剑或矛的菱形纹饰中，基本分为 3 种制作方式：一种是在剑体表面铸出菱形纹的阴槽后焊入锡料，望山 1 号墓的越王勾践剑即如此；另一种则是当剑铸好并加工后，手工用毛笔蘸着某种液体在剑体表面描绘出菱形纹，安庆博物馆的纹饰剑即属这种；还有一种可能是采用了刻蚀法制作菱形纹饰。所谓"金属膏剂涂层工艺"可能性不大。所谓"绘纹"即安庆馆的藏剑，纹饰为黑色，微观下纹饰区与非纹饰区在一个平面；所谓"刻蚀纹"，是指纹饰区一般为基体本色，微观下非纹饰区低于纹饰区；而越王勾践剑属于"铸纹"，其制作工艺与大多数商周青铜礼器上阴槽式的纹饰及铭文的制作方法一样，通过粘贴泥条、泥片来完成菱形纹饰制作。其具体方法，是先用毛笔或画针在剑范表面起稿，然后用泥条及泥片照稿粘贴到泥范表面，铭文的制作与此完全相同；当两块范都制作完成后，对合好并外糊草拌泥，经阴干、焙烧成陶范，浇铸后即得到具有凹槽式菱形纹饰及铭文的剑体。铸好剑体之后，在凹槽内填入锡料，再打磨即可获得菱形纹饰。越王勾践剑采用此法制作菱形纹，是当时普遍应用的常规技术，是与时代同步的。

至于错金铭文的分析，实际上如果先填锡，后错金，铭文槽确实会被锡占满，但因为锡的硬度很低，再刻出槽来并不成问题。所以这一点并不需要考虑，更不是勾践剑的设计缺陷。纹饰区塌陷的问题，承蒙上海博物馆丁忠明兄告知，他做过相应实验，当温度和时间适合时，锡会渗入剑体内部而形成塌陷。

到目前为止，已经基本否定了硫化说和植物酸腐蚀的可能，通过科技手段也已经确认纹饰是由高锡合金形成，争议的焦点和难点是如何制作或者二次加工纹饰的问题。谭德睿团队通过模拟古代工艺，经过筛选和比对，认为通过金属膏剂涂层工艺可以获得和古剑一致的装饰效果。而董亚巍团队对此表示反对，并提出了铸槽填锡的方式可能是菱格纹的技术路线。由于董亚巍团队没有进行制作实验，这一路径是否可行，尚需进一步验证，但是敢于质疑，敢于提出不同的看法，这是非常值得肯定的。因为，仅凭肉眼观察和触摸，我们就可以直观地发现菱格纹兵器似乎各有不同（图四，1-4）。丁忠明对新泰周家庄两柄菱格纹剑做的金相测试，也有不同（图四，5-6）。这当然可以归结为同一工艺某个环节如温度、时间把控不一所致，也可能是埋藏条件等因素的影响，但我们参照对早期"错金"器的研究，实际上包含"刻槽错金""金汞剂鎏金""贴金箔"三种技术路线。而这些现成技术会不会影响或启发匠师们对菱格纹技术不断改进？周边地区会不会采取不同的技术路线对吴越菱格纹进行复仿制呢？这些都是需要考虑的问题。要解决这个问题，还需大量的标本和测试，特别是对断面的检测尤为关键，有无预留的槽状结构，在断面应该可以看到。因此，目前我们只能说菱格纹是一种高锡合金技术形成，但技术路线尚需继续探讨。

在青铜剑表面二次加工形成高锡纹饰，不外两条路径：其一，直接在剑坯表面涂画纹饰，然后加热渗入剑坯，但两面均有纹饰，如何保证高温熔融状态下锡液的流向，特别是朝下的一面，锡液很容易淌失殆尽；其二，在类似外范的陶泥上按照剑坯和花纹的形状刻好浅槽，将锡料填在槽内，然后将剑坯夹在两块范之间入炉焙烧，以类似渡稿的方式将花纹过到剑坯上。无论如何，古代匠师技术路线一定是简便可行的，不会太复杂。期待更多的测试和实验，最终能解决这一谜团。

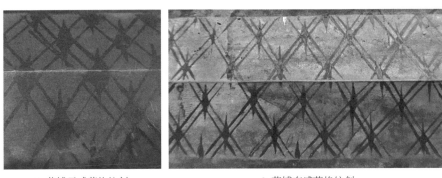

1. 苏博无感菱格纹剑　　　　　　　　　　2. 苏博有感菱格纹剑

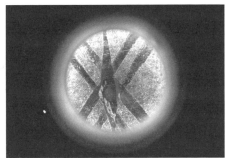

3. 苏博无感菱格纹显微　　　　　　　　　4. 苏博有感菱格纹剑显微

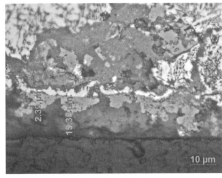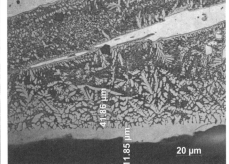

5. 新泰周家庄 M1：55 菱形纹剑残块镀锡层金相　　6. 新泰周家庄 M2：24 菱形纹饰剑富锡层金相照片
　　照片

图四

　　附记：本文得到上海博物馆丁忠明研究员的大力支持，并惠赐或慨允使用部分图版，谨表谢忱。

（原发表为程义：《吴越铸剑三绝研究新进展》，《大众考古》2020 年第 12 期）

苏州博物馆新入藏吴王寿梦之子剑初探

2014 年底，苏州博物馆征集到一件春秋时期青铜剑，剑身铸有铭文 70 余字。从铭文得知，器主是寿梦之子、叔哦此郐之弟姑雠亓雠，即吴王余昩。吴国王室青铜器存世较少，且多为兵器，铭文也极少有记事内容。此剑铭文不仅有三位吴王的王名，而且还记载有征伐、王位继承等内容，通过与文献相互印证，可以解决吴国王名悬而未决的一些问题。此剑是吴国王室兵器中较为重要的一件，也是目前所见先秦兵器中铭文最长的一件。现将其介绍如下，并对铭文做初步考释（图一、图二、图三）。

一

此剑为"一"字形窄格，圆茎带两道箍，圆盘形首，剑脊隆起，宽斜从，近锋处明显收狭，双刃呈弧曲形。通长 57.5、宽 4.8 厘米，束腰部分长约 22 厘米。此剑剑身和常见的吴剑如苏州博物馆藏夫差剑等接近，但剑格中部隆起较常见"一"字格略高，剑柄和剑首装饰简单，和湖北谷城吴王剑接近。此剑保存较完好，除剑身中部有一处断裂外，其余部分均无残缺，虽有两个铭文受损，但不影响释读。铭文铸在剑脊两侧，每侧一行，共计 75 字，其中重文 1 字。为了便于讨论，现释文如下。

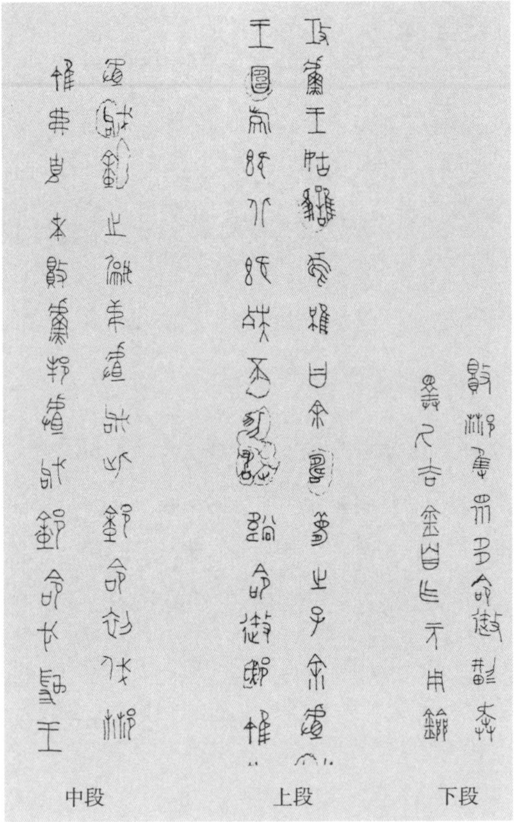

图一　铭文摹本

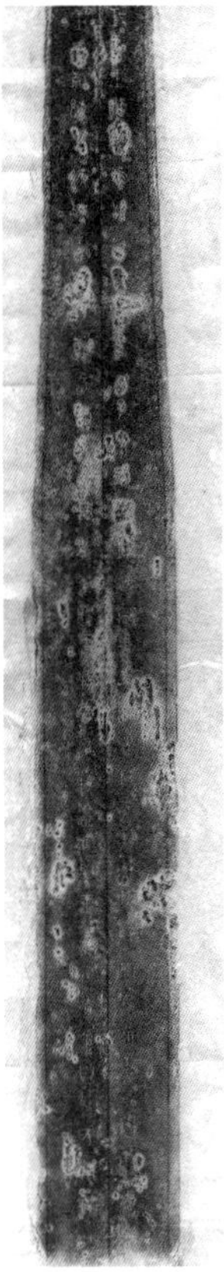

图二　铭文拓本

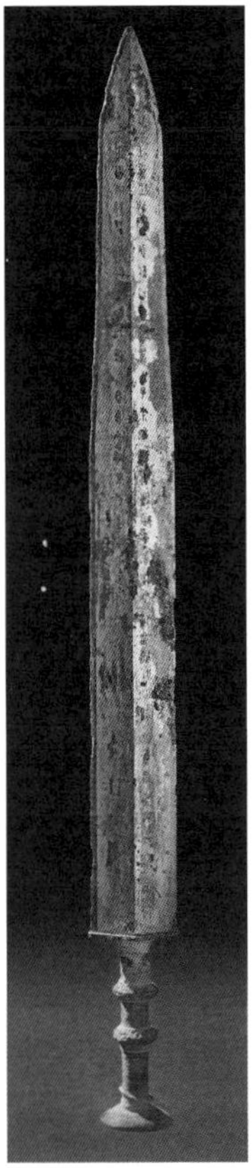

图三　铭文照片

攻盧（吴）王姑雠亓雒曰："余，寿梦之子；余，𫊣𫚭邻之嗣弟。𫊣𫚭此邻命初伐麻，败麻，隻（获）众多；命御䂮（荆），䂮（荆）奔，王围𦣱，既北既殃，不争（？）敢𨎵；命御郕（越），锥（唯）弗克，未败盧（吴）邦。𫊣𫚭邻命戈（我）为王，择厥吉金自作元用剑。"

"攻盧"，即工吴，也即《史记》等文献记载的"句吴"，国名，即吴国。但青铜器铭文中绝少见作"句吴"者，绝大多数作"工吴""攻吴""工敔"等。[1]

[1] 曹锦炎：《从青铜器铭文论吴国的国名》，《吴越历史与考古论丛》，文物出版社，2007年。

"姑雠亓雟"，"姑雠"之"雠"字被锈层覆盖，经 X 光拍照后辨认，字形作"㒶"。此字左右两侧为两个相向的鸟形，中间为一舌字，当隶定为"雠"，即"雠"或"讎"字，读作"chou"。此字过去和"姑"合释为"姑发"。此字字形和绍兴鲁迅路寿梦之子剑[1]之"发"字接近，而与山西榆社出土的攻吴王姑发剑、[2]安徽淮南赵家孤堆战国墓出土的工虞太子诸樊剑、[3]湖北襄阳陆寨村出土的攻吴王姑发邝之子剑[4]字形差异较大。亓雟，旧多释为"皮难"，曾见于者减钟。关于"皮难"，有诸樊说、[5]阖闾说、[6]寿梦说。[7]曹锦炎释绍兴鲁迅路剑为"姑发难"，并将其和后面的"寿梦"合为一词，认为是寿梦的全称。李家浩释作"姑发义雟"，读作"芇"，与"昧"或"末"音近。[8]董珊又在曹、李二位的基础上，做了新考定，认为此人即吴王余昧。本剑铭文作"㒸"，上为鸟形，下有手，与孙承泽旧藏吴季子之子逞剑之"㔾"（元）字及虞公白剑铭文"元"字颇为接近。此字字形应是由鸟虫书反向转化而来的篆书字形，所以保留了很多修饰性成分。此字为"元"或"亓"，与"余"或"皮"音近，是吴语中的发音词，无实际意义。"雟"，旧释作"然"或"难"。本剑铭文作"㒶"，字形和者减钟略有不同，左侧作花朵形，右侧为"隹"。绍兴鲁迅路剑作"姑发雟"，无前一字，省去了辅助音节，二人当是一人，即吴王余昧，[9]但其隶定当以本剑铭文为准，即"姑雠雟"。

"寿梦"，"寿"字为铜锈所覆盖，然仔细观察仍可见其大概。寿梦为吴国国王，

［1］曹锦炎：《吴王寿梦之子剑铭文考释》，《吴越历史与考古论丛》，图四、五，文物出版社，2007 年。后引曹锦炎之观点未出注者均出此文。
［2］晋华：《山西榆社出土一件吴王姑发剑》，《文物》1990 年第 2 期。
［3］安徽省文化局文物工作队：《安徽淮南市蔡家岗赵家孤堆战国墓》，《考古》1963 年第 4 期。
［4］朱俊英、刘信芳：《攻虞王姑发（邝）之子曹鲋剑铭文简介》，《文物》1998 年第 6 期。
［5］唐兰：《石鼓年代考》，《故宫博物院院刊》1958 年第 1 期。
［6］李家浩：《攻吴王者彶叡剑与者减钟》，《古文字与古代史》（第三辑），（台北）"中研院"历史语言研究所，2012 年。
［7］董珊：《吴越题铭研究》，科学出版社，2014 年，第 41 页。
［8］李家浩：《攻敔王姑义雟剑铭文及其反映的历史》，《古文字与古代史》（第一辑），（台北）"中研院"历史语言研究所，2007 年。
［9］董珊：《吴越题铭研究》，科学出版社，2014 年，第 21 页。

《史记·吴太伯世家》："去齐卒，子寿梦立。寿梦立而吴始益大，称王。"[1]文献中寿梦之名有"乘、寿梦、孰姑、孰梦诸、祝梦诸"等。[2]

"叡酦邾"，此剑另一处又作"叡酦此邾"，吴国王名。此王名在青铜兵器中较为多见，如绍兴鲁迅路剑、湖北谷城城关镇剑等。有的作"叡酦矣"，如保利艺术博物馆藏吴王铍、[3]杭州南湖吴王余祭剑[4]等。"叡酦此邾"或即"叡酦此余"，亦即"勾余"。古越语有多音节的习俗，春秋时吴越人称"叡酦此邾"，在文献记载中作"句余"。[5]"叡"和"此"为次要音节，所以有时可以省略。学者均认为此人即吴王余祭，最近公布的一件工吴大叔残剑，[6]铭文为"工吴大叔叡矣工吴自作元用"，更加证明此人的排行是"叔"，即第二位。寿梦有四子，分别是诸樊、余祭、余眛、季札。余祭的排行是在诸樊之后，文献记载和文物刻铭正相吻合。

"嗣弟"，"嗣"作"𦞤"，从人从女，中间为口、册。嗣，为继承之义，因吴国采取兄终弟及之制，所以嗣弟即相当于嗣君、嗣王。《史记·吴太伯世家》："君义嗣，谁敢干君。"《集解》曰："义，宜也。嫡子嗣国，得礼之宜。"杜预曰："诸樊嫡子，故曰义嗣。"[7]

"命初伐麻，获众多"，"麻"作"𣏟"，此字左半侧为"麻"字初文，见于《说文》，右侧邑为地名用字常见附件。笔者认为，此即《史记》所载"吴亦攻楚，取三邑而去"之三邑中的"麻"。三邑，《集解》引《左传》曰："吴伐楚，入棘、栎、麻。"《索隐》："杜预注彼云：'皆楚东鄙邑也……'按：解者以麻即襄城县故麻城是也。"[8]此句大意为，命我初次伐麻，俘获了很多敌人。

---

[1]《史记》，中华书局，2013年，第1741页。
[2] 董珊：《吴越题铭研究》，科学出版社，2014年，第8页。
[3] 保利艺术博物馆：《保利藏金》，岭南美术出版社，1999年，第252页。
[4] 曹锦炎：《工吴王叡酦工吴铭文考释》，《西泠印社"重振金石学"国际学术研讨会论文集》，西泠印社出版社，2010年。
[5] 陈千万：《湖北谷城县出土攻虑王叡酦此邾剑》，《考古》2000年第4期。
[6] 董珊：《吴越题铭研究》，科学出版社，2014年，第13页。
[7]《史记》，中华书局，2013年，第1745页。
[8]《史记》，中华书局，2013年，第1755–1756页。

"命御荆，荆奔"，"荆"，楚国别名，《说文》："荆，楚木也。"铭文从井从刀，下部从田，为"型"字本字，借为"荆"。此字和绍兴鲁迅路剑铭文相同，唯此字下有一重文符号。此句大意为，命我抵御荆的进攻，并赶跑了荆人。

"王围旟"，"王"后一字下部被锈层覆盖，据 X 光照片辨认，应为"围"字。"旟"作"🐾"，从手，下为日下四垂笔，此字和湖北江陵雨台山战国墓出土周阳戈、王孙浩钟、楚王酓戈、酓章镈之"扬"字最为接近，诸家均释作"旟"，可从。酓章镈铭文有西旟。罗运环认为"旟"字从队易声，用于地名，传世文献多作"阳"，曾侯乙墓简文里的阳城君、鲁阳公之"阳"均写作此字，[1]但此地在何处，尚不能确定，亦当为楚之东邑。此句大意为，王余祭包围了楚邑旟。

"既北既殃，不争敢緔"，此句有三字被锈层覆盖，据 X 光照片辨认，"殃"后第一字当为"不"；"殃"后第二字作"⺕"，此字和金文"静"之右侧接近，暂释"争"，或为"我"之异文；"殃"后第四字，从韦从尚，古字韦、革、纟旁互用，可通"绱"，意为结合。此句大意应为，我既打败了敌人，又让敌人遭了殃，让他们无路可逃。

"命御越，唯弗克，未败吴邦"，"越"字左侧锈蚀，但仍可辨认出为"越"，"越"在金文中习见，左侧为戈，右侧为邑。"唯"字，左侧为午，右侧为隹，即"雈"，此字亦见于晋公盘，通"唯"。关于吴越交攻，《史记·越王勾践世家》记载："允常之时，与吴王阖庐战而相怨伐。"[2]但《吴越春秋》记载："（允）常立，当吴王寿梦、诸樊、阖闾之时。越之兴霸，自允常矣。"[3]此概言之，即越国兴起几乎和吴国同时。据此剑铭文，可将吴越交攻的开始推前至余祭在位时期。此次吴越之战，文献失载。此句大意为，又命我抵御越国的进攻，他们没有打败我吴国。

"叡戉邻命戈（我）为王，择厥吉金自作元用剑"，"命"后一字为"戈"，当作"我"讲，自称。"🐾"上部从手从象，即"为"字，下部似为司，可通"嗣"。但

———————————

[1] 罗运环：《楚王酓章镈铭文疏证》，《武汉大学学报》2008 年第 4 期。

[2] 《史记》，中华书局，2013 年，第 2087 页。

[3] 赵晔：《吴越春秋》，江苏古籍出版社，1999 年，第 102 页。

据 X 光片判读，仍以释"为"为妥，下部并不是"口"形。此句大意为，叡钺邠（余祭）命我为继承他王位的人，选择好的青铜做了这把自己用的剑。

<h1 style="text-align:center">二</h1>

前面对剑铭做了简单的考释，由于本剑铭文前半部分和绍兴鲁迅路剑的铭文关联密切，故下边着重结合鲁迅路剑铭文谈谈本剑铭文的意义。

首先，本剑铭文解决了长期以来关于吴王王名的争论。此剑铭文明确了寿梦为父，叡钺此邠、姑雠亓雎为子，且兄弟二人的关系也很明确，即叡钺此邠为兄，姑雠亓雎为嗣弟。寿梦有四子，即诸樊、余祭、余眛、季札，诸樊、季札之名已经考订清楚，此剑铭文又明确了兄弟关系，再加之"工吴大叔叡矣"剑铭的公布，可以认定叡钺此邠为余祭、姑发姑雠亓雎为余眛。因为鲁迅路剑铭文省去了一些辅助词汇，而本剑铭文有"曰"将其和寿梦二字分开，所以李家浩、董珊等人对曹锦炎的考订是正确的，即"姑发难"为一人，"寿梦"为一人。

其次，本剑的器主、时代与鲁迅路剑完全相同。鲁迅路剑之"雎"及本剑之"亓雎"是同一人，即余眛。而者减钟中之"皮难"，因字形差距很大，当另有其人。从语音的角度看，目前仍以唐兰之诸樊说最有说服力。"姑雠亓雎"一词的出现，又为吴国王室氏名研究提供了一个线索。本剑的制作年代，与鲁迅路剑基本相当，只是本剑铭文更为丰富。据其内容可以判定，此时吴王余眛刚即位不久，为了纪念这个重要的时刻而特意制作了本剑，并撰写了记功性长篇铭文。本剑比鲁迅路剑保存完整，依据本剑铭文，可对鲁迅路剑铭文不清楚或误释的文字做一补释。该剑铭文可重新整理如下："工吴王姑雠雎，寿梦之子，叡钺邠嗣弟，命初伐麻，有获，荆伐徐，余亲逆攻之，败三军，获□□，支七邦君。"

再次，透过铜剑铭文，我们可以更深入地了解吴国的历史文化。结合两剑铭文，我们可以了解更多关于吴国王位继承的信息。因为寿梦欲传位于季札，所以吴国王位传承采取兄终弟及之制。《史记索隐》引《公羊传》曰："谒也，余祭也，夷末也，与季子同母者四人。季子弱而才，兄弟皆爱之，同欲以为君。兄弟递相为君，而致国乎季子。"[1] 其具体情形，据两剑铭文可知，王位继承人是由在位的王指定"嗣弟"的方式来确定的。这个嗣弟可能要有一定的军功，所以余眜在剑铭中一再强调自己的赫赫战功。如果综合考查吴国青铜剑铭文，尤其是安徽淮南赵家孤堆诸樊剑、山东沂水诸樊剑、[2] 山西榆社诸樊剑、浙江杭州南湖余祭剑、绍兴鲁迅路余眜剑及本剑，这些青铜剑的铭文已经包含有大量的记事成分。这些长篇铭文，最短的有 20 余字，多的如本剑达 70 余字，放在北方青铜礼器中也算中等篇幅。因此有理由认为，由于吴国特殊的地理环境和战争格局，使得铜料在吴国异常珍贵，所以早期吴人没有采取北方以容器、乐器为礼器的传统，而是因地制宜地以剑为礼器。到了阖闾、夫差时期，国力日渐强大，方有少量青铜礼器之铸造。这是吴越历史上一个值得注意的现象，可以称为以兵为礼，或兵礼器时期。

再次，关于两剑铭文均提到的三次战争，我倾向是相同的三次战争，即第一次伐麻，第二次御荆，第三次御越。据本剑铭文，这三次战争应发生在余眜被立为"嗣王"之前，即余祭在位时期。第一次所伐之地，由于鲁迅路剑铭文残泐，所以曹锦炎认为是泗水流域之小国，李家浩、董珊认为是巢国。现据本剑铭文字形，此字当释为"麻"，应和《史记》"吴亦攻楚，取三邑而去"有关。此事发生在余祭十年，但《索隐》认为："余祭在位四年，余眜在位十七年。系家倒错二王之年……"[3] 如此，则此事即发生在余眜六年或七年。但据本剑铭文，此事应发生在余眜被立为"嗣王"之前，故关于余祭、余眜在位时间问题，仍应以《史记》为准，即余祭在位 17 年，余眜在位 4 年。第二次战争，是抵御荆楚的进攻。吴楚之间战争频繁，余眜亲自参加了哪一场战争无从考证。如果前说正确，则此次战争应

[1]《史记》，中华书局，2013 年，第 1774 页。
[2] 沂水县文物管理站：《山东沂水县发现工卢王青铜剑》，《文物》1983 年第 12 期。
[3]《史记》，中华书局，2013 年，第 1756 页。

即《史记》所载"十一年，楚伐吴，至雩娄"[1] 之战。第三次战争，董珊将鲁迅路吴剑此战理解为荆伐徐，吴作为徐的盟国参战，应即本剑铭文所载之"王围旝，既北既殃"之战。

附记：本文写作参考了李学勤、朱凤瀚、曹锦炎、周亚等专家的意见，并得到张懋镕、张学锋老师的鼓励和支持，在此谨表谢忱。关于此剑的相关研究，可参见苏州博物馆编《兵与礼——苏州博物馆新入藏吴王余眛剑研讨会论文集》（文物出版社，2015 年）。

（原发表为程义、张军政：《苏州博物馆新入藏吴王余眛剑初探》，《文物》2015年第 9 期）

---

[1]《史记》，中华书局，2013 年，第 1455 页。

苏州博物馆新入藏75字吴王余眜剑解密

2014年底，苏州博物馆征集到一件春秋时期青铜剑，剑身铸有铭文75字。本剑为"一"字形窄格，圆茎带两道箍，圆盘形首，剑脊隆起，宽斜从，近锋处明显收狭，双刃呈弧曲形。通长57.5、宽4.8厘米，束腰部分长约22厘米。本剑剑身和常见的吴剑如苏州博物馆藏夫差剑接近，但剑格中部隆起，较常见"一"字格略高，剑柄和剑首装饰简单，与湖北谷城出土的吴王剑相近。铭文铸在剑脊两侧，每侧一行，共计75字，其中重文1字，释文如下：

> 攻盧（吴）王姑雠乌<unk>曰：余，寿梦之子；余，戝㼌邻之嗣弟。戝㼌此邻命初伐麻，败麻，隻（获）众多；命御誓（荆），誓（荆）奔，王围㡊，既北既狭，不争（？）敢<unk>；命御郘（越），隹（唯）弗克，未败盧（吴）邦。戝㼌邻命戈（我）为王，择厥吉金自作元用剑（图一）。

吴国王室青铜器存世较少，且多为兵器，但铭文极少有记事内容。本剑铭文不仅有三位吴王的王名，三个国家，而且还记载有征伐、王位继承等内容，因此本剑是吴国王室兵器中较为重要的一件，也是目前所见先秦兵器中铭文最长的一件。现将所涉及的一些问题做些探索，以期引起大家的关注。

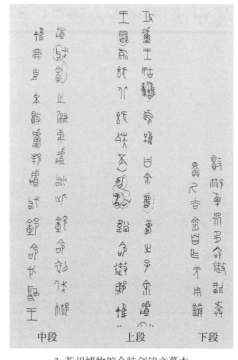

1.苏州博物馆余眜剑照片　　2.苏州博物馆余眜剑全形拓　　3.苏州博物馆余眜剑铭文摹本

图一

一、三位吴王：余眜、寿梦、余祭

　　剑铭中的"姑雠乌雠"，即吴国国王余眜名，寿梦第三子，余祭之弟。余眜在位期间，继续坚持联晋抗楚的策略，和楚国在今安徽东南展开了激烈的角逐，打败了以楚国为首的蔡、许等七国联军。"雠"字，读作"shou"。雠读作"芇"，与"眜"或"末"音近，即文献中之吴王余眜、夷眜。公元前530–前527在位，共四年，死后传位于王僚（图二）。

　　剑铭中的"寿梦"为吴国国王名，《史记·吴太伯世家》"去齐卒，子寿梦

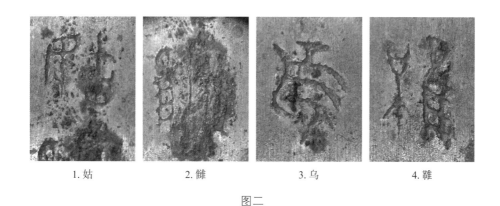

1. 姑　　　2. 雠　　　3. 乌　　　4. 雉

图二

立。寿梦立而吴始益大，称王"，"大凡从太伯至寿梦十九世"。寿梦即位即展开
了强大的外交攻势，朝拜周天子，访问楚国，与鲁成公会盟于钟离，观周公礼
乐，并深为叹服。楚申公巫臣自晋来吴，教吴国用兵乘车，吴开始和北方晋国联
盟抗击楚国。有四个儿子，分别是诸樊、余祭、余眛、季札。欲传位第四子季
札，不受，长子诸樊继承王位，但约定采取兄终弟及的王位继承顺序。文献中寿
梦之名有"乘、寿梦、孰姑、孰梦诸、祝梦诸"等，公元前585-前561在位，共
25年。

　　剑铭中的"叡钺郐"，此剑另一处又作"叡钺此郐"，吴国王余祭名，寿梦第二
子，诸樊之长弟。寿梦去世后，本意是立季札为王，但季札不受，诸樊死后也只能
传位于余祭。在位时，大力扩张，收留了齐相庆封，将其安置在朱方之地。庆封替
吴国刺探诸侯动向，而导致楚联合多国军队伐吴，并夺取了吴地朱方。此后和楚发
生多次战争，互有斩获。并派季札出使鲁、齐、郑、卫、晋等国，加强和北方诸国
的外交联系。据《左传》记载在观看船只时，被一个守船的越国俘虏所袭杀，死后
传位于余眛。此王名在青铜兵器中较为多见，有的作"叡钺矢""叡钺此郐"或即
"叡钺此余"，亦即"勾余"。古越语有多音节的习俗，春秋时吴越人称"叡钺此郐"，
此为辅助音节，在文献记载中作"句余""余祭""戴吴"等，此人即文献中吴王余
祭。公元前547-前531年在位，共17年（图三）。

| 1.虞 | 2.戗 | 3.此 | 4.余 |

图三

二、三个国家：吴、楚、越

"攻盧"，即工吴，也即《史记》等文献记载的"句吴"，吴国国名。青铜器铭文中又作"工吴""攻吴""工敔"等。殷周之际，太伯仲雍奔荆蛮，自号勾吴。公元前585年传十九世至寿梦继位，始有其年。寿梦之子诸樊、余祭、余眛相继即位。吴王阖闾迁都于姑苏（江苏苏州市），国力达到鼎盛，公元前505年阖闾攻破楚国郢都，公元前496年与越战，伤指而亡，太子夫差继位。公元前494年夫差打败越国，围困越王勾践于会稽山，公元前482年夫差大会诸侯于黄池，与晋争长，取得霸主地位，公元前473年吴为越王勾践所灭，领土尽归于越。吴国核心统治区域在长江下游之太湖沿岸，即今苏州、无锡、常州、镇江一带。

"荆"，楚国别名，又做荆楚、楚荆。商周时封国，芈姓。西周初年成王封熊绎于楚蛮，都丹阳（湖北秭归县西北归州镇东南），后徙都郢（湖北荆沙市荆州区西北纪南城）。春秋时吞并大量小国，与晋争霸。疆域西北到武关（今陕西丹凤县西南），东到昭关（今安徽含山县北），北到今河南南阳，南到洞庭湖以南。楚怀王攻灭越国，又扩大到今江苏和浙江。公元前278年郢都为秦攻破，徙都陈（河南淮阳县）。公元前241年又徙都寿春（安徽寿县）。公元前223年为秦所灭。核心统治区域在今湖北、湖南、安徽一带，是长江中下游势力最强大的诸侯国。

"越"，越国国名，在青铜器铭文中左侧为戉，右侧为邑。又称于越、大越、内越、粤，为百越之一支。最早的首领叫无余，传至允常时逐渐强大，开始称王。允常死，勾践立，公元前494年为吴王夫差所败，与吴媾和，勾践入吴为人质。返越后，重用文种、范蠡，经过二十年的休养生息，实力逐渐雄厚。公元前478年兴兵伐吴，大败吴师。公元前473年灭吴，徙都琅琊（山东诸城市琅琊台），号称霸主。越王翳时，从琅琊迁都到吴（今江苏苏州市）。到无疆时，兴兵伐楚。公元前333年楚威王杀王无疆，尽取吴故地至浙江，越以此散。越国核心统治区域主要在今天的浙江省诸暨、东阳、义乌和绍兴周边地区，其早期都城即在该区域内迁移，定都会稽（浙江绍兴市）。

三、三场战争：伐麻之战、御楚之战、御越之战

伐麻之战。铭文曰"命初伐麻，获众多"，意思是命初次伐麻，俘虏很多敌人。此战发生在鲁昭公四年，即公元前538年。伐麻之战的起因是从齐国逃奔来的齐相庆封被吴国安置在朱方之后，经常替吴国观察诸侯的动向，所以楚晋联合伐吴，楚将屈申包围了朱方，并杀了庆封。庆封穷途末路来投奔吴国，吴国以女妻之，晋楚却杀了他。这引起了吴国的愤怒，根据《史记》记载"吴亦攻楚，取三邑而去"。所取三邑即楚东境之棘、栎、麻三邑。杨伯峻认为麻，在今安徽砀山县东北25里，旧有麻城集。

御楚之战。铭文曰"命御荆，荆奔"，意思是命令余眜抵御楚国的进攻，楚国逃跑了。此战发生在鲁昭公五年，即公元前537年，亦即《左传·昭公五年》所记载的："冬，十月，楚子以诸侯及东夷伐吴，以报棘、栎、麻之役。……闻吴师出，蒍启强帅师从之，遽不设备，吴人败诸鹊岸。"此战之后，《左传·昭公六年》秋："徐仪楚聘于楚。楚子执之，逃归。惧其叛也，使蒍泄伐徐。吴人救之。令尹子荡帅师伐吴，师于豫章，而次于乾谿。吴人败其师于房锺，获宫厩尹弃疾。"因为徐

王仪楚的母亲是吴国女子，是吴国的附属国，也摇摆于楚吴之间。仪楚在出使楚国的时候，被扣留，但得以逃脱，楚害怕他背叛楚国，就派楚将蓬泄伐徐，以恐吓吴国。吴国出兵救徐，在房钟打败了楚军，并抓获了楚宫尹弃疾。房钟，即今安徽蒙城西南，西淝水北岸之阚疃集。

御越之战。铭文曰"命御邨（越），雏（雖）弗克，未败虏（吴）邦"，意思是命令余昧抵御越人，此役虽然没有攻克越地，但吴邦亦未受损。吴越交攻，据《史记·越王勾践世家》"允常之时，与吴王阖闾战而相怨伐"。实际上要早于阖闾之时。据《左传》记载昭公五年（公元前537）冬，楚子、蔡侯、陈侯、许男、顿子、沈子、徐人、越人伐吴。我们认为这段铭文可以结合《左传·襄公二十九年》"吴人伐越，获俘焉，以为阍，使守舟。吴子余祭观舟，阍以刀弑之"的记载来分析，吴王余祭是伐越后被弑杀的，也就是剑铭中的"既北既殃"，即"打了败仗，且遇难"。这是剑铭和文献记载相同的地方，但剑铭可能记录的是事件的真实过程，《左传》等文献则可能是根据吴人为掩饰余祭兵败被杀的事实而编造的情节而记载。

四、三点意义：兄终弟及之制、吴王名号、余祭王年

吴国王位继承制度。《史记·吴太伯世家》称：吴王诸樊死后，"欲传以次，必致国于季札而止，以称先王寿梦之意"。也就是说寿梦本想传位于季札，但季札坚决不接受，所以和诸樊、余祭、余昧约定，先由诸樊即位，然后采取兄终弟及的办法，最终致位于季札。在兵器中，诸樊称吴大子，余祭称吴大叔，而余昧则称"寿梦之子，叔俄此邨之嗣弟"，这柄剑的铭文直观反映和验证了《左传》《史记》等文献对这一史实的记载。

几位吴国王名的最终确定。吴王寿梦有子四人：诸樊、余祭、余昧、季札。在金文中诸樊多写作"者反"，季札多称"季子"。而余祭余昧在金文里的写法则相对复杂，且无定论。而本剑铭文说得非常清楚，姑雠乌雕为弟，叔俄（此）邨为兄。

如此一来，余祭、余眜二人的金文名字与文献的对应问题这次也得到最终解决。显然本剑及鲁迅路剑之"姑雠乌雠""姑雠雠"即余眜在金文中的写法。(表一)

表一　余祭异名

分类	出处	全称	前缀		主要成分		后缀
戴吴	左传·襄公三十一年	戴吴	戴（端母职部。哉，精母之部）		吴（疑母鱼部）		
	保利藏剑	叔矢工盧	叔（精母鱼部）	矢（匣母之部）	工（见母东部）		盧（疑母鱼部）
	余杭南湖剑	叔矢工吴	叔（精母鱼部）	矢（匣母之部）	工（见母东部）		吴（疑母鱼部）
句余	鲁迅路剑	叔钺郐	叔（精母鱼部）		钺（见母侯部）		郐（邪母鱼部）
	谷城剑	叔钺此郐	叔（精母鱼部）		钺（见母侯部）	此（清母支部）	郐（邪母鱼部）
	左传·襄公二十八年	句余			句（见母侯部）		余（喻母鱼部）
余祭	春秋·襄公二十九年	余祭			余（喻母鱼部）		祭（精母月部）
	春秋事语	余蔡			余（喻母鱼部）		蔡（清母月部）

吴国王年问题。本剑铭解决了余祭余眜在位时间，《春秋》记载余祭在位四年，余眜在位十七年，《史记》却与之相反，到底孰是孰非，没有明证。这柄剑和鲁迅路剑都提到伐麻之战。伐麻之战，按《史记》记载，发生在余祭十年，"楚灵王会诸侯而以伐吴之朱方，以诛齐庆封。吴亦攻楚，取三邑而去"，麻即三邑之一。如按《春秋》的记载，伐麻之战发生在鲁昭公四年（公元前538年），吴王余眜六年。而这两柄剑铭明确指出"伐麻"是叔钺此郐，即余祭"初命伐麻"，也就是说，这时候余祭是吴王，余眜尚未即位，自然不可能是余眜六年。所以，《春秋》的记载

有误，二王在位的时间当以《史记》为准，即余祭十七年（公元前 547 年-前 531 年），余眛四年（公元前 530 年-前 527 年），因此此剑具有校经证史的作用。

五、两个新问题

1. 姑雠何解？

姑苏一直是苏州的代称，但其来源历来众说纷纭，有人认为是勾吴之对音，有人认为是苏山胥山之意，也有人认为姑无具体含义，苏是鱼米之乡的意思。可谓是众说纷纭，莫衷一是。我们认为这柄剑上的"姑雠"即和姑苏的读音极为接近，可能是姑苏在吴地的早期写法。过去在诸樊剑中旧释之"姑发"，或可读作"姑殳"，即"姑苏"。它是吴国王室的姓氏专称，后演化为地名，姑苏是北方人记载南方语音的结果。至于姑苏到底是什么含义，目前还没有令人信服的解释。

2. 王僚和阖闾是什么关系？

余眛死后，按照先王之意，本应传位于季札，但是继位的却是王僚（州于），王僚十二年，阖闾谋杀了王僚继位，即为吴王光。关于吴王阖闾和王僚二人的关系，文献记载差别很大。《史记》以光为诸樊之子，僚为夷昧之子也。襄公二十九年《公羊传》"季子使而亡焉。僚者长庶也，即之"。《世本》云"夷昧及僚，夷昧生光"。服虔云："夷昧生光而废之，僚者，夷昧之庶兄，夷昧卒，僚代立，故光曰'我王嗣也'。"这里面涉及一个关键的问题，季札死于什么时间？如果余眛去世之时，季札尚在，那么按照约定，继任必为季札，即使他不愿接受，那么形式上还是要传位于他。所以襄公二十九年（公元前 544 年）《公羊传》记载，季子使而亡，但是《史记》却记载王僚被袭杀后，季札还哭于王僚之墓。也就是说，王僚十二年（公元前 515 年）季札尚在人世。我们来做一个推测，假如寿梦去世时（公元前 561 年），季札 20 岁，成人，否则无法承担军国大事，那么到王僚 12 年，经过诸樊 13 年，余祭 17 年，余眛 4 年，王僚 12 年，则季札已达 78 岁高龄，这在古代应该是很难达到的年龄。再次，在文献中没有任何余眜传位季札的记载，按理这是《春秋》一派非常值得记载的一件合乎仁义礼智信的事件，是非常值得大书特书的事件。再次，四年前余眜从哥哥手中继承了王位，四年后为何就不顾先王遗志，将王位传于自己的儿子呢？再次，王僚之器曾出土过两件戈，铭文均为"王子于之用戈"。如果这两件戈确为吴王僚之器，这说明，王僚即位前传位顺序未定，但他确是某位吴王之子。我们再来看诸位吴王器物铭文的称呼：诸樊称吴大子、诸樊之子、弟，均称工吴王诸樊之弟或子；余祭称吴大叔；余眜称寿梦之子，余祭之弟；阖闾，仅称吴王。通过排比，我们可以看出前几位吴王都以自己明确的身份标识来表明自己王位的合法性，而唯独自称是"我真王嗣当立"的阖闾，直接称"工吴王光"，没有标明自己的身份。加之王僚在位十二年，仅在山西发现两件戈。因此，我们大胆推测，王僚是寿梦庶子、阖闾为余眜之子的可能性较大，余眜去世时季札已经不在人世，所以余眜按照兄终弟及之制将王位传了寿梦的儿子王僚。阖闾是余眜之子，因为这时候传子制已经非常流行，所以心怀不满，袭杀了王僚。因为其王位的获取是非正常的，所以极力掩盖其世系，并将能够证明王僚身份的证据毁灭。这只是一个合乎逻辑的推测，尚需将来地下文献的证明。

（原发表为程义：《吴王余眜剑解密》,《大众考古》2015 年第 10 期）

"姑苏"新考

——以新出青铜剑铭文为基础

"姑苏"一词自春秋有"姑苏台"以来，不绝于文献，开皇九年改吴郡为苏州，也是因姑苏山而得名。后来江宁府和苏州府合并为一个省级行政单位江苏，也是取自二府之名。"姑苏"一直作为"苏州"的代名词，沿用至今，"姑苏"一词与苏州可谓是如影随形。然"姑苏"一词究为何义？渊源如何？古今学者虽有探讨，因为史料缺乏，尚未能达成统一意见。正如张敏先生指出：吴人为"南蛮鴃舌之人"，吴国语言与中原语言有着较大的差异，加之吴国没有《乘》《梼杌》《春秋》和《竹书纪年》一类的史书，因此吴国的人名、地名都是不同时期、不同地域之人的记载，都是根据吴人读音的文字记录，即音译，对吴国地名牵强附会地进行义解，或苍白无力，或自相矛盾；望文生义地强解吴国地名，必然导致吴国地名的研究扑朔迷离，甚至进入研究的误区和盲区。[1] 所以要解决这一问题，还得回到春秋时期吴国文献和文物本身。本文即拟以新出吴国青铜剑铭文为基础，对此做一探讨。

---

[1] 张敏：《鸠兹新证——兼论西周春秋时期吴国都城的性质》，《东南文化》2014 年第 5 期。

一、关于姑苏的早期记载

"姑苏"最早见于《荀子·宥坐篇第二十八》[1]《韩非子·喻老第二十一》,[2]稍后又见于《国语》《史记》《吴越春秋》《越绝书》等文献。《国语·吴语》"越王句践乃率中军泝江以袭吴。入其郭,焚其姑苏"。[3]《国语·越语》"吴王帅其贤良与其重禄,以上姑苏。……(范蠡)击鼓兴师,以随使者至于姑苏之宫。不伤越民,遂灭吴"。[4]《史记·越王句践世家》"越遂复栖吴王于姑苏之山"。[5]《史记·吴太伯世家》"越因伐吴,败之姑苏",[6]《吴越春秋·勾践伐吴外传》"遂受而起姑苏之台",[7]《越绝书·记地传》"(句践)灭吴,徙治姑胥台"。[8]

在早期文献中,"姑苏"亦作"姑胥",两者相通。如勾践灭吴,栖夫差于姑苏山。姑苏山在《国语》和《史记》中作"姑苏之山"或"姑苏",在《吴越春秋》中则作"姑胥之山"。由此可见,姑苏山即姑胥山。故宋范成大《吴郡志》卷十五载:"姑苏山,一名姑胥,一名姑余。"同样,姑苏台也就是姑胥台。苏字,大徐本《说文》作"素孤切",《广韵》作"素姑切"。胥字,《说文》《广韵》均作"相居切"。"素""相",皆属心母。上古字少,多以同音字替代。姑苏即姑胥,实为写法不同。

二、诸家旧释及评议

将诸家旧释做一归纳,不外勾吴之音转、山名、盐官、鱼米之乡等解释,试归

---

[1] 荀况撰,王先谦集解,沈啸寰、王星贤点校:《荀子集解》,中华书局,1988年,第526页。
[2] 韩非子撰,王先慎集解,钟哲点校:《韩非子集解》,中华书局,1998年,第164页。
[3] 徐元诰撰:《国语集解》卷19,中华书局,2002年,第546页。
[4] 徐元诰撰:《国语集解》卷21,中华书局,2002年,586页。
[5]《史记》,中华书局,2013年,第2093页。
[6]《史记》,中华书局,2013年,第1765页。
[7] 赵晔:《吴越春秋》,江苏古籍出版社,1999年,第141页。
[8] 李步嘉:《越绝书校释》,中华书局,2013年,第223页。

纳如下并做简单评议：

一说姑苏是勾吴的音转。勾吴是商末至春秋太湖周边部族的名称。《淮南子·览冥训》把姑苏写作"姑余"。《吴郡图经续记》："姑苏山……或曰姑胥，或曰姑余，其实一也。"有人认为，姑余即勾吴，苏人读"余"为吴，勾为无义的发语词，因此，姑苏山即"吴山"之意。张敏对吴国都城做了系列考查和研究，认为姑苏即勾吴，[1]鸠兹也是姑苏的对音，并进一步指出秦汉时的郡治或侯国多为春秋战国时期的列国都城，两汉时期在吴国范围内的郡治或侯国有故鄣、丹杨（阳）、胡孰（湖熟）和丹徒。故鄣、丹杨、胡孰和丹徒亦同样为"句吴"的音译。[2]陈其弟等人将姑苏和工吴联系起来，[3]并引用了部分吴国青铜剑铭文，不无道理，不过"工吴"和"姑苏"之间的语音关系恐怕难以用简单的通转来解释，且工吴已见于寿梦到余昧时期之兵器上，而吴徙都姑苏是阖闾时期。工吴作为国名，在金文中很常见，是否需要再用另一种写法来表示都城，且在工吴王之后王名前出现了"姑雠"之类接近"姑苏"的词汇，所以此说可能还有修正的余地。

周生春认为姑苏、姑胥应作苏山、胥山解。姑含山义，苏、胥之前均冠以姑字，这在古代并非罕见。这类冠以姑字的倒装式地名，《山海经》中尚有很多，如"姑繇之山""姑灌之山""姑射之山""姑逢之山""姑克之山"等。《左传》中的"姑蔑"，《春秋》中的"姑蔑"以及姑孰等也都是现成的例子。姑作一般性地名的"山"字解释，又可从隋人单取姑苏之苏字，改吴州为苏州而不作姑苏州这一事例中得到印证。将一般性的地名，如山、城等放在整个地名的前面，这是现今中华民族的祖先之一，即几千年前某个部族记地法的特点。[4]谭其骧、周振鹤对此提出了不同意见，认为"姑"并无"山"之意，只是吴越地名中常见的前发语词，并无实

---

［1］张敏：《吴国都城初探》，《南方文物》2009 年第 2 期。
［2］张敏：《鸠兹新证——兼论西周春秋时期吴国都城的性质》，《东南文化》2014 年第 5 期。
［3］陈其弟：《姑苏漫议》，《江苏地方志》2013 年第 5 期。
［4］周生春：《姑苏考》，《杭州大学学报》1979 年第 1-2 期。

际意义。[1]而李锦芳则从民族学的角度仔细分析了以"句、勾、交"开头的地名，指出这些字同属见母，韵部接近，读音很近，同为百越语村名词头译音。[2]对姑字的作用问题，诸家有不同意见，但是可以肯定，不管它有无实际意义，它都是吴越地区人名和地名中非常常见的音节。这一解释认为姑苏是因山而名，但山为何而名？恐怕还有一个孰先孰后的问题，即究竟是台以山而名，抑或山以台而名？似乎尚无可信答案。

姑苏即姑胥，即姑余，并用音韵学的原理考释出姑余即越语之朱余。"朱余"作为越国地名的本义为"盐官"，而"徐"又是"盐"的意思，那么最合于语言事实的分析就是"朱"的意思是"官"，即"官"字在古吴越方言中的记音符号；也就是说，我们先认定"朱余"是"官盐"，而"官盐"是"大名冠小名"的结构，倒过来就是"盐官"。[3]此说借用了语言学研究成果，给我们提供了研究的新视角，但如此迂回的解说，恐亦难令人信服。

"姑"为吴语发语词，没有意义，而"苏"则为鱼米之乡的描述。明代卢熊的《苏州府志》即称："故胥台，台因山名，合作胥，今作苏，盖吴音声重，凡胥须字皆转而为苏，故后人直曰姑苏。隋平陈，乃承其讹，改苏州。或者谓胥与输音相近，兵家不取，或又谓吴中鱼禾所自出，苏字兼之，故曰苏。"此说看似圆满，实际最为臆断。"苏"字金文中多有之，从禾从鱼，并无草头。应为会意字，即带鱼味的草本植物，即今之紫苏、荏子之类，和稻禾之类并无关系。此说以今论古，并不足取。

另一说据《红兰逸乘》引《潜夫论·边议篇》云："盖胥者，舜臣名，佐禹治水有功，封于吴者也，太湖中有胥王庙，故名其地曰故胥，后世转音为姑苏。"[4]此说未见于其他典籍，仅此孤证，且征引皆为传说，可信度较低。

————————

[1] 谭其骧：《姑苏新解》，《杭州大学学报》1979年第4期；周振鹤：《古越语地名初探——兼与周生春同志商榷》，《复旦大学学报》1980年第2期。
[2] 李锦芳：《百越地名及其文化蕴意》，《中央民族大学学报》1995年第1期。
[3] 王珏：《"姑苏"新解与上古见章系互谐》，《苏州大学学报》1996年第1期。
[4] 杨循吉：《吴中小志丛刊》，广陵书社，2004年，第121页。

再一说是"姑苏我民"的简括。据《红兰逸乘》引元代沈麐元《缉柳编》[1]:"姑苏台者,吴王齐玄所造也。……从兹以往,尔姑苏我民乎。乌乎!罔违于余言。齐玄是起姑苏之台以志之。"[2]原意是说,吴王壁羽在对楚战争中失利,耗尽民力,临终时嘱其子齐玄,暂且使民众休养生息,即"姑苏我民",于是齐玄造姑苏台,表示不忘。查《史记》等文献,吴王中并无壁羽与齐玄两人,只有屈羽与夷吾,《吴地记》虽有此二人,其时未有与楚作战的记载。故此说近乎小说家言,似不可信。

三、新出青铜器铭文的启示

前贤在讨论吴地地名时引用了诸樊剑剑铭资料,这是一个正确的方向,可惜囿于旧的释读,未敢做进一步考证。我们认为旧剑剑铭中所谓"姑发"一词才是姑苏一词的真正来源。该词频见于诸樊剑上,最近报道又见于两件余眜之剑。为便于讨论,先将诸剑铭文罗列如下(铭文无关论述者已改为常用字,仍沿用旧名):

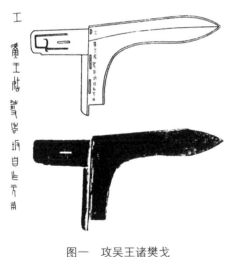

图一 攻吴王诸樊戈

1.攻吴王诸樊戈(图一)

安徽六安市九里沟乡九里沟村第一轮窑厂春秋墓出土,皖西博物馆藏。[3]胡部铸铭文 11 字:工吴王姑发者(诸)坂(樊)自作元用。

————————————

[1] 此书顾颉刚《苏州史志笔记》曾引用之,据钱大昕《补元史艺文志》该书为元吴兴沈麐元编,沈氏生平未详,内容多为志怪奇谈,已佚。
[2] 杨循吉:《吴中小志丛刊》,广陵书社,2004 年,第 112 页。
[3] 此器最先报道于《文物研究》13 辑第 320 页,后收入《新收殷周青铜器铭文暨器影汇编》器号 1312。

2. 姑发者反之子通剑（诸樊之子通剑）（图二）

山东新泰市青云街道周家庄东周墓出土，山东省文物考古研究所藏。[1]剑身铸铭文14字：工吴王姑斿（发）者（诸）反（樊）之子通自作元用。

3. 攻吴王姑发邸之子剑（图三）

湖北襄樊市襄阳县余岗乡陆寨村襄北农场新生砖瓦厂出土，湖北省文物考古研

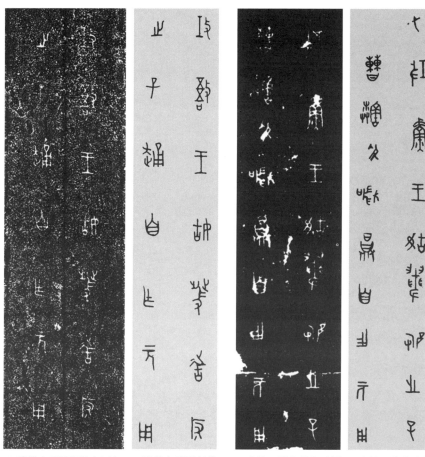

1. 诸樊之子通剑铭文拓本　　2. 诸樊之子通剑铭　　1. 攻吴王姑发邸之子剑　　2. 攻吴王姑发邸之
　　　　　　　　　　　　　　　文摹本　　　　　　　　铭文拓本　　　　　子剑铭文摹本

图二　　　　　　　　　　　　　　　　　图三

[1] 任相宏等：《吴王诸樊之子通剑及相关问题探讨》，《中国历史文物》2004年第5期。

1. 攻吴王姑发诸反
之弟剑铭文拓本

2. 攻吴王姑发诸反之
弟剑铭文摹本

图四

究所藏。[1]剑身铸铭文 17 字：工吴王姑叕（发）邸之子瞽（曹）鮴众蝦（寻）晶（员）自乍（作）元用。

4. 攻吴王姑发罃（胥）反之弟剑（图四）

山西榆社县城关镇（今箕兴镇）三角坪出土，榆社化石博物馆藏。[2]剑身铸铭文 24 字：工吴王姑发罃（胥）反之弟子子口其后，宅（择）厥吉金，以作其元用剑。

5. 攻吴太子姑发罃（胥）反剑（图五）

安徽淮南市八公山区蔡家岗赵家孤堆战国墓（M2.18.6）出土，安徽博物院藏。[3]脊两侧有铭文 35 字（其中重文 1、合文 1）：工吴大子姑发罃（胥）反，自作元用，在行之先，云（员）用云（员）获，莫敢御余，余处江之阳，至于南行西行。

6. 寿梦之子剑[4]（图六）

浙江绍兴市越城区鲁迅路出土，藏绍兴越国文化博物馆。出土时断成两截，剑身铸铭文 40 字：工吴王姑叕雠寿梦之子，叔戏郘之义口，初命伐口，有获。荆伐郘（徐），余窬（亲）逆，攻之。败三军，获车马，支七邦君。

[1] 朱俊英、刘信芳：《工盧王姑发邸之子曹鮴剑铭文简介》，《文物》1998 年第 6 期。
[2] 曹锦炎：《吴季子剑铭文考释》，《文物》1990 年第 4 期。
[3] 安徽省文化局文物工作队：《安徽淮南市蔡家岗赵家孤堆战国墓》，《考古》1963 年第 4 期。
[4] 曹锦炎：《吴王寿梦之子剑铭文考释》，《文物》2005 年第 2 期。

图五　攻吴太子姑发诸樊剑铭文摹本　　　图六　寿梦之子剑

7.寿梦之子剑，苏州博物馆新征集[1]（图七）

铭文铸在剑脊两侧，每侧一行，共两行，每行约38字，重文1，共计75字：

工吴王姑雠乌雜曰：余寿梦之子；余，叔戏郜之嗣弟……

在对上述剑铭的研究中，安徽博物院藏攻吴王太子剑铭文中"攻吴王姑"之后的字，商承祚最先释读为"发"，[2]但在进一步解释中将"姑"解释为"诸"就显

[1] 程义等：《苏州博物馆新入藏吴王余眛剑初探》，《文物》2015年第9期。
[2] 商承祚：《"姑发胄反"即吴王"诸樊"别议》，《中山大学学报》1963年第3期。

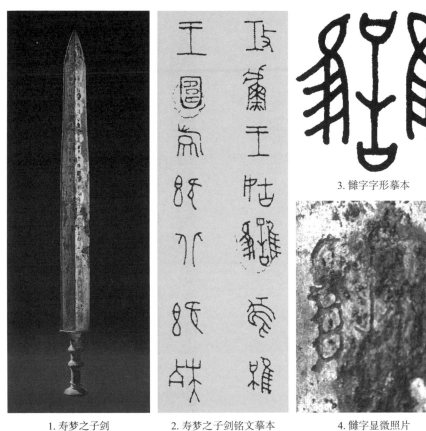

1. 寿梦之子剑　　　　　　2. 寿梦之子剑铭文摹本　　　　4. 雠字显微照片

3. 雠字字形摹本

图七

得有些生硬迁远，对后几字虽也做了解释，但未能解释"发"在此充当何种角色，笼统解释为"诸樊"。如果参考后来出土的几件诸樊兵器，尤其是第二剑的铭文中的"工吴王姑发（发）者（诸）反（樊）"，我们就不难发现，如果把"姑"解释为"诸"，则"发（发）者（诸）"两字就有重复的问题。进一步讲，诸樊之"诸"为"姑"，那么余昧名字中并未有"诸"，为何他的名字前也有一个"姑"？这是一个需要重新思考的问题。因为此前只有诸樊诸器，所以并没有人进一步考查这一问题，此后诸家就以此为准绳。[1]如曹锦炎在释读绍兴鲁迅路剑铭时，尽管铭文为锈

[1] 董珊：《吴越题铭研究》表二诸樊异名中所列泰安剑、襄阳剑"姑"后一字不从"弓"，但仍沿用了"姑发"，科学出版社，2014年，第11页。

蚀覆盖，露出部分和"发"字字形相去甚远的情况下，亦将该字推测为"癹"。[1]

由于文物保存情况的局限及对旧释的信从，所以大家一直都将此词汇径释为"姑发"，并认为是诸樊的称呼，但是仔细观察前引七器，根据"姑"后一字的形制，可以分为三组：第一组仅一剑，即第5剑工吴王大子剑，器主为诸樊，不过做于诸樊为大子（太子）时期，即寿梦时期，弓旁很清楚，剑铭隶定为"姑癹"，旧释为"姑發"；第二组共2器，即第1、3器，器主为诸樊本人及其子弟，剑铭"姑"后一字并不从弓，但"又"上笔画有短横，即为"卜"，所以下部从"攴"，应隶定为"姑嫛"；第三组共2剑，即第2、4剑，器主为诸樊本人及其子弟，剑铭"姑"后一字并不从弓，应隶定为"姑癹"，但这些字均被隶定为"發"。文献中"癹"多误为"發"，《说文解字注》在"癹"后已特别指出"發"亦"癹"之误；[2]第四组，即第6剑、第7剑，剑铭隶定为"姑讎"。發、癹、讎这三个字，在《说文解字》里都有，分别为：发，弓部，躲发也，从弓癹声，方伐切；[3]癹，此部，以足蹋夷草，从癶从殳，春秋传曰癹夷，蕰崇之。普活切；[4]讎，言部，犹膺也，从言雠声。市流切。[5]嫛，《说文解字》未收入，按其构形，当从癶从攴。

我认为，这些都是"姑苏"的早期称呼和写法。前五器这一词汇都置于诸樊名字前，虽然第5剑姑后一字多出一"弓"旁，但其读音应和其余二组诸剑铭文此字之读音相同，即"癹"。"癹"这个字的问题很复杂，甲骨中即有之，诸家早有研究，其音义也有很大的争议。[6]因为在古文献中出现的例子很少，所以其演化轨迹也很难寻觅。癹，《说文》注为"此部，从癶从殳，普活切"。《转注古音略》里将"癹"和"鲅"列在一起，注文"毛诗鳣鲔鲅鲅，说文本作鲅，引诗云云，韩诗

［1］曹锦炎：《新见工虘王姑癹皮难剑铭文及其相关问题》，复旦大学出土文献与古文字研究中心编：《出土文献与古文字研究》第六辑，上海古籍出版社，2015年，第143-151页。曹先生在即将发表的论文中已修改为"姑讎"。
［2］《说文解字注》，上海古籍出版社，1998年，二篇上叶四十一。
［3］《说文解字注》十二篇下叶六十。
［4］《说文解字注》二篇上叶四十、四一。
［5］《说文解字注》三篇上叶八。
［6］古文字诂林编委会：《古文字诂林》第二册，上海教育出版社，2000年，第259-260页。

作鱍，像鱼拨刺之状，元无定字，籀文作癹"。[1]也就是说，这个字只是作为一个象声字，并且没有固定的字。那么它的本义是什么呢？《奇字韵》注"癹"道：亦足踏夷草也，说文引左传癹夷蕴崇之，今作茇夷。[2]在青川秦简《为田律》有"及癹千百（阡陌）之大草"，这个"癹"字，于豪亮、李学勤均认为是"茇"之义。[3]这个后来出现的"茇"字，极有可能替代了作为"踏夷草"之义的"癹"。我们怀疑"癹"可能有两个读音，或后来的"癹"有两个字源。本来，按照形声字的发音的规律，癹应读妥，但广韵注为"普活切"。那为什么又注为"普活切"呢？前面分析字形时已经指出，被隶定为"癹"的字有的从"殳"，有的从"攴"。殳攴互通这一现象已有学者做了研究，[4]因为殳和攴无论是字形还是含义都非常接近，在甲骨金文中就有互通的现象，[5]所以在隶化时就合二为一，保留了从"殳"的字形。作为形旁，互通没有问题，但作为声旁时就有了发音差别。癹字有两个字源，也应该可能有两个读音，即从殳和从攴。殳作为声旁，但读音不同的例子我们可以找到几例，如棁、茇、妥、毂，发接近"殳"的音，而澉、撖等字也含有"殳"这个元素，却发接近"攴"的音。[6]《说文》在引《左传》癹夷蕴崇之，小注即注明今癹作茇，读衫。信阳楚简、江陵楚简、长沙楚帛书之"茇"[7]字字形和襄樊"工吴王姑发返之子"剑中姑字之后一字形极为相近，只是"止"的多少和位置略有差别。也就是说，癹和茇为古今字，茇后来替代了读殳的"癹"。简而言之，从殳之癹，意为以足踏夷草，引申为茇刈杂草，读音从殳，后被茇替代；从攴之癹，象鱼拨刺水之状，象声词，读音从攴，即普活切，后多作为声符使用。

---

[1]《转注古音略》卷五，载《四库全书·经部·小学类韵书属》。
[2]《奇字韵》卷五，载《四库全书·经部·小学类字书属》。
[3] 于豪亮：《释青川秦墓木牍》，《文物》1982年第2期；李学勤：《青川郝家坪木牍研究》，《文物》1982年第10期。
[4] 陈爽：《说殳兼论汉字中的殳旁来源》，《华夏文化论坛》第10辑，特别是第一页注释3，指出古文字中手持某物之形，后世往往演变为殳；吴洁：《从"殳"字说起———浅谈形声字孳乳现象与形声字声符表音"传代"的关系》，《井冈山学院学报》2006年第5期。
[5] 关于殳、攴互通的例子可参看容庚《金文编》、高明《古文字类编》等字书殳部和攴部，即可明了。
[6] 此点唐建垣已经注意到，《古文字诂林》第二册260页。
[7] 曾宪通：《长沙楚帛书文字编》，中华书局，1993年，第111页。

查郭锡良《汉字古音手册》：上古音夒，并母月部；雠，禅母幽部，苏，即稣，心母鱼部。上古音殳，禅母侯部。芟，山母谈部。[1]如"夒"从殳，则殳、雠同为禅母可通。或读作芟，山禅为清浊，可通。如此一来，这个读音和我们习见的姑苏一词非常接近。如果考虑到文献是北方人按照听到的语音用北方现成的字来记录南方词汇的结果，而青铜器铭文则是南方人利用北方现成汉字来记录南方语音的结果，因此出现一些语音和音韵上的误差当可理解。

所谓的"姑发"是吴国王室的姓氏名，这一观点，曹锦炎在其论著中多次提及，[2]董珊表示怀疑，并指出需要进一步研究。[3]董珊指出鲁迅路吴剑的"姑发"之"发"字字形残泐，断句和释读都有问题。对此剑铭文的误释部分我已做了校正。[4]实际上，如前所述，曹锦炎是过于崇信商承祚的旧释，而未深入考查的结果。如果仔细辨别，鲁迅路吴剑铭文所谓"发"字的左侧为一鸟形，非常明显，而发字左上侧应为止，这个字就是苏州博物馆新入藏余眜剑上之"雠"字。诸樊诸器姑后一字的读音都归为"殳"音。显然这几个字和"苏"的读音极为接近，加之音韵上的通转关系，认定所谓的"姑发"和"姑雠"即"姑苏"的早期写法当是可信的。"姑雠"写作"姑苏"，如"工吴"写作"勾吴"一样，是北方人以音读记载南方词汇的结果，并沿用至今。姑雠一词在铭文中均置于工吴王之后，而在人名如诸樊、余眜之前，所以这个词汇只可能是姓氏或部族专名，而不可能是称谓专名。

无论吴越本是不是一个民族，[5]但是吴人南迁后受到越文化的影响是可信的。《吕氏春秋·知化篇》记伍员说："夫齐之与吴也，习俗不同，言语不通……夫吴之与越也，接土邻境，壤交通属，习俗同、言语通。"吴人的一些地名人名还可根据越人的

[1] 郭锡良：《汉字古音手册》，北京大学出版社，1986年，第24、174、102、98、189页。
[2] 曹锦炎：《吴王寿梦之子剑铭文考释》，载《吴越历史与考古论丛》，文物出版社，2007年，第14—26页；氏著：《从青铜兵器铭文再论吴王名》，载《古文字与古代史》（第三辑），台北中研院史语所，2012年。本应改写作"姑夒"，但为行文方便，沿用旧释。
[3] 董珊：《吴越题名研究》，科学出版社，2013年，第96页。
[4] 程义等：《苏州博物馆新入藏吴王余眜剑初探》，《文物》2015年第9期。
[5] 毛颖、张敏等先生认为吴人的祖先可能是淮夷，后迁入江南。参见氏著：《长江下游的吴越与徐舒》，湖北教育出版社，2004年；张学锋先生认为吴越不是一个民族，但南迁后受越的影响很大，参见氏著《吴国历史的再思考》，载《苏州文博论丛》2011年。

一些特点来作参考。越王勾践之子剑铭中作"者旨于赐",曹锦炎考证"者旨"为越王姓氏。[1] 者旨即诸稽,也就是现在的诸暨。由是,者旨既是越王的姓氏,也是后来越国国都的称呼。李锦芳指出在越语属于壮侗语及相关语言,没有发现与"朱""无"等字音近的地理实体称谓,因此作地名冠首字的"朱、诸、都、无"的含义只能按作人名冠首字时的含义理解,即"官、首领",这类地名因某首领、某官据有而得名,亦为地因人得名。[2] 故《太平御览》引《风俗通义》云:盖姓有九,或氏于号,或氏于谥,或氏于爵,或氏于国,或氏于官,或氏于字,或氏于居,或氏于事,或氏于职。这是后人根据姓氏推测出来的一些命氏规律,实际上也有以姓氏命所居的情形,我们现在习见的地名"某家村""某集""某堡"之类,就是先有人居住,后以某一家族的姓氏命名所居住的村落,才有地名。张学锋指出他们或许将自己居住的中心区域称为 kiwo siwo(居巢)或与之相近的音,鸠兹、姑孰、姑苏、姑胥等音均与之相同或相近。[3] 姑苏、诸暨等地名正是因为王室姓氏或部族名而得名。

四、结　论

综上所述,"姑苏"一词的本意是吴国王室的姓氏或部族名,后来演变为吴国都城的地名专称,在青铜剑铭文中写作"姑癹""姑雠"及旧释的"姑发",均应读作"姑癹",在北方人的记载中被以音读记为"姑苏",而沿用至今。

(原发表为程义:《姑苏新考——以新出青铜剑铭文为基础》,载《兵与礼——《苏州博物馆新入藏吴王余眛剑研讨会论文集》,文物出版社,2015年)

[1] 曹锦炎:《越王姓氏新考》,载《吴越历史与考古论丛》,文物出版社,2007年,第139-142页。
[2] 李锦芳:《百越地名及其文化蕴意》,《中央民族大学学报》1995年第1期。
[3] 张学锋:《吴国历史的再思考》,载《苏州文博辑刊》2011年。张先生将吴国地名分为三类:甲类鸠兹、姑苏,读音 kuo siwo;乙类:固城、葛城、吴城,以国号工吴或勾吴为基本读音;丙类:阖闾城,以建造者为名。

苏州博物馆新入藏八字铭吴王光剑初探

苏州博物馆新入藏一柄吴王光剑（图一），形制铭文均和过去所见略有差别，故对其做简单介绍和探讨，以作抛砖之用。

该剑通长 50 厘米，剑身最宽处 4.96 厘米；剑格宽 3 厘米，长 5.17 厘米，厚 2.59 厘米；茎长 6.21 厘米，细端外径 1.72 厘米，粗端外径 2.02 厘米；剑首外径 3.9~4.16 厘米，内径 1.91 厘米；中脊（中段）厚 0.88 厘米；全剑重心约在近剑首 22 厘米处。菱形窄格，喇叭形空心圆茎，圆环形剑首，中空剑茎内残存木心。剑身和常见吴越剑相同，双刃弧曲，在近锋三分之一处束腰，略扩宽后渐收至锋尖。中脊线隆起，两从斜弧。在靠近剑格处剑脊两侧铸有两行八字铭文"攻敔（吴）王光自乍用剑"（图二、图三）。

"攻敔"即"勾吴"，是春秋时期地处江南的吴国国名。《史记·吴太伯世家》云："太伯之奔荆蛮，自号句吴。"颜师古注《汉书·地理志》曰："句音钩，夷俗语之发声也，亦犹越为于越耳。"

图一　吴王光剑

图二　铭文照片、拓本、摹本

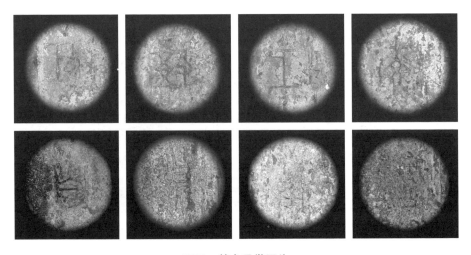

图三　铭文显微照片

《吴越春秋》卷一载："吴人或问：何据而为勾吴？太伯曰：吴以伯长居国，绝嗣者也。其当有封者，吴仲也。故自号勾吴，非其方乎？"王国维《观堂集林吴王夫差鉴跋》：工虞即攻吴，皆勾吴之异文。古音，工攻在东部，勾在候部，二部之字阴阳对转。故勾吴亦读作攻吴。但是青铜器铭文中，绝大多数作工吴、攻吴，工敔等，绝少见作勾吴者。只有一件安徽固始堆出上春秋青铜瑚铭文中作"勾吴（敔）"。众所周知，到了吴国晚期，吴的国名就固定为"吴"了。也就是说，吴国国名有一个从两字到一字演化，文字也由繁而简的过程；但这个过程并不是我们看到像现在繁简转化一般的表象，实际可能蕴含着丰富的历史信息。因为"吴"和"虞"在西周金文里就都已经存在，前者并不是后者的简化字，并且还将"句"这个音节略去，除了越国国名由"于越"转为"越"以外，并无先例可循。

根据青铜器铭文，吴国国名在春秋早期攻吴王新造戟写作"窜戲"，寿梦时期写作"工戲"（蔡家岗太子诸樊剑），诸樊时期写作"工戲"（沂水诸樊剑、[1]者减钟）、"工虞"（六安诸樊戈、襄阳诸樊之子剑、榆社诸樊弟子剑）；余祭时期写作"工虞"（国博工吴大叔余祭剑、保利工吴大叔剑）、"攻虞"（谷城余祭剑）、工吴（南湖余祭剑）；余眛时期写作"攻虞"（苏博余眛剑）、"攻敔"（越国文化博物馆余眛剑）；王僚时期写作"攻敔"（东吴博物馆吴王足矣吴剑、无锡吴王者彼剑）；阖闾时期写作"攻敔"（金村吴王光戈、南陵吴王光剑、山西原平吴王光剑、庐江吴王光剑）、"吴"（上博吴王光戈、蔡侯墓吴王光鉴、蔡侯墓吴王光钟）、"攻吾"（上博鸟虫书吴王光剑）、"工吾"（越国文化博物馆带钩、西施山带钩）；夫差及以后时期写作"攻敔"（周家庄诸樊之子剑、洛阳夫差剑、港大夫差剑、湖北省博夫差剑、国博夫差剑、辉县夫差剑、苏博夫差剑、邹城夫差剑、平度夫差剑、绍兴吴王光铎）、"攻敔"（赵家孤堆夫差戈、剑）、"攻吴"（金胜村夫差鉴、上博夫差鉴、故宫夫差鉴、国博夫差鉴）、"吴"（吴王光钟、配儿勾鑃、国博夫差鉴、湖北省博夫差矛、吴季子剑、无壬鼎）、敔（夫差盉）。

---

[1] 吴镇烽《铭图》录文将工误录为攻。

表一　吴国国名统计表

时　期	国　　名
寿梦	窮瞰、攻瞰
诸樊	工瞰、工膚、攻膚、攻瞰、攻敔[1]
余祭	攻膚、工膚、工吴
余眛	攻敔、攻膚
王僚	攻敔（足矣吴剑[2]）
阖闾	攻敔、攻吾、攻吾、攻敔、吴
夫差	敔、攻吴、攻敔、攻敔、敔、吴

关于铭文里吴国国名的演化关系，曹锦炎先生推论：吴国国名在诸樊以前作工瞰，诸樊时作工膚；阖闾时改作攻五，后作攻敔攻敔，再改作攻吴，最后由攻吴简化为吴；夫差时仍沿用最后三种写法。[3] 根据上表，我们可以发现，吴国国名的第二字声符有"鱼""五""吴"三个，大致呈简化的趋势，第一字除了春秋早期的窮吴戈外，均以"工"为声符，但繁简没有规律。因为目前资料尚嫌不足，所以董珊先生觉得这个排比也许并没有实际意义。[4] 吴国国名确定为单字"吴"的时间很晚，直到阖闾夫差时期金文里仍然多作二字国名。所以简单认为"吴"就是"勾吴"的简化，从表面看似乎很合理，但其中却有很多谜团。我们认为由攻吴到吴，这是江南蛮夷之"勾吴"国为了北上中原争霸，而刻意修改国名的结果，后来史家为了满足大一统的需要而默认了这一历史记忆。[5]

---

[1] 此国名见于诸樊之子通剑，时代不一定是诸樊时期。

[2] 该剑藏于苏州东吴博物馆，器主有人认为是夫差，但我们认为是王僚，足矣吴是州于的对音，将另文讨论。

[3] 曹锦炎：《从青铜器铭文论吴国的国名》，收入《吴越历史与考古论集》，文物出版社，2007年。

[4] 董珊：《吴越题铭研究》结语，科学出版社，2014年。

[5] 程义：《再论吴国历史上的三个基本问题》，《泰伯文化研究·二〇一九年卷》，古吴轩出版社，2019年。

"吴王光"即吴王阖闾，公子光，金文作光韩、光逗等，[1]张家山汉简等作盖闾，清华简《系年》作盍虐。金文和简牍里有多种写法，但均与阖闾和光相关。一般认为阖闾和光是反义，一字一名。最近曹锦炎先生在研究西施山吴王光带钩时，指出"光"与"阖庐"究竟是什么称谓的对应关系，有待进一步研究。[2]确实，因为剑铭左右必须字数相同方可平齐，如果"桓""韩"这样的字符可以随机增减的话，"光"有可能也是所谓的夷式名，而非汉式名。

表二　吴王光名字统计

出　　处	名　　号
《春秋》定公十四年	光
《左传》昭公二十七年	阖庐
史记	光、阖庐
清华简《系年》	盍虐
张家山汉简	盖闾
吴王光鉴、钟	光
吴王光戈	光逗（桓）
吴王光剑	光、光軙（韩）

自作用剑，就其文意而言似乎就是为自己做的兵器，但通过统计，我们就会发现以"自作用"和"自作其元用"为结尾的兵器很多，贵为一方诸侯的吴王自然不必亲自上阵搏杀，也不会使用如此大量的兵器。因此我在研究本馆夫差剑时就指出，这类兵器有自用、赏赐、礼品、商品等多种用途，但标明"自作"的兵器质量无疑应该是较高的。[3]

该剑器主明确，铭文内容也很简单明了，但也有几点值得注意，略做探讨如下：

---

［1］ 董珊：《吴越题铭研究》，科学出版社，2014年，第31页。
［2］ 曹锦炎：《吴王光铜带钩小考》，《东南文化》2013年第2期。
［3］ 程义：《"吴王夫差剑"八问》，《大众考古》2014年第11期。

图四　剑首照片

第一，剑茎的形制。该剑的剑茎作空心喇叭形，菱形窄格（图四）。根据肖梦龙、[1]毛波[2]等人对吴越青铜剑的分类，这柄剑属于ＣⅣ式，其来源应和Ａ类剑有关，即和扉耳剑有关，流行年代在春秋中晚期。目前已见铭文者有榆社诸樊之弟子剑、南湖余祭剑、佛利尔吴王光剑、多件夫差剑。苏州博物馆余眜剑的形制为菱形窄格圆茎剑，而越文化博物馆余眜剑却是扁茎剑，从器形演化的逻辑来看，将此类剑的流行时间定在余祭余眜时期应该是合适的。榆社剑因为是诸樊之子剑，其年代不必是诸樊时期，参考国名演变的规律，属于余祭余眜时期的可能更大。空心喇叭口茎铸造时要有一个芯范，比圆柱实心茎略微复杂一些，但这一剑形一直流行，其原因目前尚不得知。在空心茎孔内有的填塞陶珠，有的填塞木心，这些填充物质地都不如青铜坚固，应该不是出于加固剑柄的目的。我们颇疑这是为了调剂剑身重心而选择的配重物。剑的重心与佩带方式及使用方式有关。如果剑的重心偏向剑身两端太近，佩戴时就会出现剑首朝下或朝上的局面，不利于抽拔出鞘，执握时也不易使剑身保持和地面平行的角度。因为先秦古剑属于直兵，以刺为主，所以在使用时必须将剑锋对准敌人，以臂力前推剑身，用剑锋刺入身体杀敌。[3]苏州博物馆夫差剑的重心在靠近剑首约23厘米处，而本剑在22厘米处。因为夫差剑剑格上有部分绿松石已经脱落，剑首端的重量略小了一些。如果将此因素

———————

[1] 肖梦龙等：《吴国青铜兵器研究》《吴干之剑研究》，载肖梦龙等编：《吴国青铜器综合研究》，科学出版社，2004年，第1-20页、82-133页。
[2] 毛波：《吴越系铜剑研究》，《考古学报》2016年第4期；氏著：《试论吴越系铜剑》，《苏州文博论丛》2016年总第7辑。
[3] 杨泓：《剑与刀》，《社会科学战线》1979年第1期；氏著：《剑与刀》，《中国古兵器论丛》，中国社会科学出版社，2007年，第160-179页。

考虑进去，那么50厘米长的吴王光剑，和58.3厘米的夫差剑重心几乎在一个位置上，这绝不会是巧合，应该包含着铸剑师的设计思路在里面。这仅仅是我们的推测，还请各位学人多加注意。

第二，"作"字的写法。本剑铭文为常见的篆书，但甚为特别是"乍（作）"的末笔带有一个明显盘曲，这是过去非常少见的字形。众所周知，盘曲是鸟虫书常用的手法，在楚系和越系铭文里常见，吴国青铜器铭文仅有为数不多的几件，除王子于戈外，均属吴王光器。[1]此铭文的发现，为我们确定吴国鸟虫书的初始年代提供了非常重要的证据。王子于戈的国属和器主，学界意见并不统一，一般认为王子于戈即吴王僚之器，最近马晓稳分析诸家意见之后指出，"对于该戈是否一定属于吴，总觉不安。即使属吴，王子于是否一定就是僚"。[2]本剑铭文的出现为马晓稳的怀疑提供了又一力证。

第三，铭文的制法。本剑铭文非常清晰，铸造痕迹明显，但非常遗憾的是王字第二横画的右半段没有应有的沟槽痕迹。经过显微放大以后，我们确认半个横画是铸造的缺陷，而非锈层掩盖所致（图五）。青铜礼器铭文的铸造方法，尽管石璋如、巴纳、林巳奈夫、松丸道雄等都做过深入的研究，但一直没有得到很好的解决，以致学者推测有 7 种之多的可能。陈初生提出：在内范上面按铭文字数刻画好阴文的格子，再在他处画一块同样规格大小的格子，在那

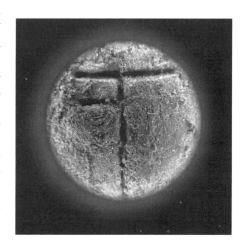

图五　王字显微照片

---

[1] 曹锦炎：《鸟虫书通考》，上海书画出版社，1999年，第41–53页；氏著：《鸟虫书通考（增订本）》，上海辞书出版社，2014年，第57–70页。
[2] 马晓稳：《吴越文字资料整理及相关问题研究》，吉林大学博士论文，2017年，第142页；陈苗：《山西地区出土两周时期青铜兵器研究》，陕西师范大学硕士学位论文，2014年，第78页。

格子上面书写铭文（反书），然后用黏土范泥捏成条状照字形作字，作好以后再按格逐个反向黏贴到内范上。[1]张昌平认为一般范作铭文的步骤：阴文线格——阴文铭文底稿——塑出阳文铭文。[2]吴静霞采用先雕刻正阴字铭文模，然后翻制反阳字铭文活块泥芯，镶嵌于主体泥芯合适位置组成复合泥芯的工艺流程成功复制了颂鼎铭文。[3]最近李峰对铭文制作的流程又做了进一步探讨，他将整个流程分为：1. 制模；2. 翻外范和底范；3. 做假内范；4. 在假内范上刻方格；5. 提取假外范；6. 在假外范上刻字（阴线正字）；7. 做内范，得到阳线反字；8. 组合浇铸。李峰方法的核心是使用假内范。[4]青铜剑是平面实心器物，且没有礼器内部的空腔，字数也较少，所以铭文的制作比青铜礼器要简单的多，但是细如发丝的阴文铭文制作也并非易事。参考前述几种铭文制作方法，关键是要不要假内范的问题。因为铭文笔道如此细，如苏州博物馆藏余眛剑铭文单侧38字分布在不足50厘米的剑身上，还有如"吴、鸟、馠"这样一些笔画很多的字，特别是一些鸟虫书铭文，盘曲如此复杂，要靠泥条塑出铭文，操作精度和难度可想而知。李峰提出利用假内范翻制真内范的技术路线至少可以避免这个问题。对于形制平整的青铜剑而言，铭文制作就更加简单易行。因为青铜剑不需要内部空间，所以剑模就直接可以作为假内范了，直接刻写铭文（阴文正字），然后用范泥包裹泥模，这样就会得到阳文反书铭文的外范，接着分范，取出内模，再合范浇铸即可得到带铭文的青铜剑。吴王光剑"王"字第二横右侧漏铸，应是翻制外范时那一笔泥条嵌在内模上未翻制成功，而在外范上就缺乏凸出的这半个横画，铸出来这个部位就没有任何痕迹。但这个假设也有一些难以理解的问题，如果是在假范上刻阴文正字，那么青铜剑上的反书如何理解？以吴剑为例就有南湖余祭剑上的"可""仁""智"，襄阳诸樊之子剑

---

[1] 陈初生：《殷周青铜器铭文制作方法评议》，《暨南学报》1998 年第 1 期。

[2] 张昌平：《商周青铜器铭文的若干制作方式——以曾国青铜器材料为基础》，《文物》2010 年第 8 期。

[3] 吴静霞：《商周青铜器铭文的制作工艺和西周颂鼎复制》，《文物保护与考古科学》2008 年第 4 期。

[4] 李峰：《西周青铜器铭文制作方法释疑》，《考古》2015 年第 9 期；李峰：《青铜器和西周金文书体研究》，上海古籍出版社，2018 年，第 190-210 页。

的"攻""子""作"，榆社诸樊之子剑的"姑""反""弟子子"，国博工吴大叔剑的"作"等都是反书，似乎又不能支持在假范上刻写的假设。当然，我们可以假设，这些书手既写反书铭文，也写正书铭文，所以在转换时出了点小小的意外。这种可能是有的，我们发现反书的字都是一些像"作""元"这样的常用简单字，因为不用太聚精会神，反倒在本应正常书写的假范上写成了反书，再经过翻范，最后铸出来也就成了反字。因为这种利用阴文范翻制铭文的方式很容易导致铭文缺少笔画，工艺难度较大，所以很多夫差剑铭文的制作就采用了字模捺印的方式制作铭文范。这一工艺简单易行，效率很高，后来被越地工匠所继承。战国时期，由于硬质刀具的广泛使用，铸铭很快就被刻铭所代替。

附记：本文写作时得到浙江大学曹锦炎教授的启发和指导，苏州博物馆夏骏女士代为处理了部分图版，在此谨表谢忱！

（原发表为姚晨辰、张红玲、程义：《苏州博物馆新入藏吴王光剑初探》，《中原文物》2021 年第 1 期）

吴王夫差剑十问

      2012 年苏州博物馆在政府的大力支持下，耗资 4250 万元征集到台湾古越阁旧藏的一批青铜兵器，其中最为引人注目的便是大名鼎鼎的吴王夫差剑。该剑通长 58.3、身宽 5、格宽 5.5、茎长 9.4 厘米。剑身宽长，覆有蓝色薄锈，刃锋极犀利。近锋处明显收狭，双刃呈弧曲形。中起脊线，两从斜弧面。剑格作倒凹字形，饰兽面纹，镶嵌绿松石，一面已佚。圆茎实心，有缠缑痕迹。茎上有两道凸箍，箍上有纤细的凹槽，遗存少量绿松石。圆盘形首，铸有多圈精致峻深的同心圆凸棱。剑首以不同成份之合金青铜分铸后再衔接剑茎而成。剑身近格处铸有铭文两行十字：攻（工）敔（吴）王夫差自乍（作）其元用（图一）。

      苏州博物馆在 2014 年底将向世人展示这些兵器，堪称国之重宝之吴王夫差剑当在此列。为此，余不揣浅陋，试做吴王夫差剑十问，以答同好之疑，以解观者之问云云。抛砖之作，浅显之至，望智者勿哂，更希不吝赐教！

一、夫差何人?

      夫差者工吴之末王也，殷周之际，周太王贤季发，欲及之。太伯仲雍乃托采药衡山而入荆蛮，断发文身，示不复用，吴人义之，立为君长，十九世至寿梦，益大，始与中国通，寿梦有子四，曰：诸樊，余祭，余眛，季札。札最贤，然不受，

图一　夫差剑正反面、铭文图

乃行兄终弟及之道，余眜卒传其子。诸樊子光铟之，乃阴结楚亡臣伍子胥，因壮士专诸而弑吴王僚。光即吴王阖闾，光用伍胥孙武之谋，西入楚郢，南伐于越，伤指而亡。其子夫差立，夫差用伯否为太宰，伐越败之，栖越王勾践于会稽山。益骄，信嚭而杀贤者伍胥与公孙圣，纵越王归国，复北伐齐败之于艾陵，会诸侯于黄池，长晋而还，廿二年，越伐吴，遂屠之，吴王困蹙，伏剑而亡，越王以礼葬于秦余杭山卑犹，至是国灭，越据吴地矣！

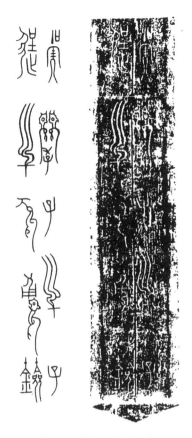

图二　季子之子剑拓本

二、有多贵重?

吴越宝剑在当时就已是千金难求之物,如《庄子·外篇·刻意》有载:"夫有干越之剑者,柙而藏之,不敢用也,宝之至也。"干,通邘,即吴国之别称,有"邘王是野戈"为证。可以说即使一国之君,也对吴越宝剑艳羡不已。据《史记·吴太伯世家》记载,(吴公子)"季札之初使,北过徐君。徐君好季札剑,口弗敢言。季札心知之"。据《越绝书》卷十二载:"客有直之者,有市之乡二,骏马千疋,千户之都二,可乎? 薛烛对曰:不可!"可见越剑如此之贵,而越剑铸造技术就是从吴国学的,更可见吴剑之珍贵程度,不但当时人宝重吴剑,即使后人也寻求不已(图二)!

三、何为工吴?

据《史记·吴太伯世家》云:"太伯之奔荆蛮,自号句吴。"颜师古注《汉书·地理志》曰:"句音钩,夷俗语之发声也,亦犹越为于越耳。"可见句吴是族称而不是地名。《史记·吴太伯世家》又载:"周武王克殷,求太伯仲雍之后,得周章,周章已君吴,因而封之。乃封周章弟虞仲与周之北夏虚,是为虞仲。"为什么要叫勾吴呢?《吴越春秋》卷一载:"吴人或问:何像而为勾吴? 太伯曰:吴以伯长居国,绝嗣者也。其当有封者,吴仲也。故自号勾吴,非其方乎?"王国维

《观堂集林·吴王夫差鉴跋》：工虞即攻吴，皆勾吴之异文。古音，工攻在东部，勾在候部，二部之字阴阳对转。故勾吴亦读作攻吴。但是青铜器铭文中，绝少见作勾吴者，绝大多数作工吴、攻吴、工敔等等。只有一件安徽固始堆出土春秋青铜瑚有"其妹勾吴（原做五文）夫人季子"，所以说将勾吴当作工吴乃是中原人记吴音的缘故，并不是吴的本来称呼。工又写作攻，吴的写法较多，有虎头下加一鱼字的，也有再加一反文旁的，也有吾加反文的，更有两个五再加反文的，也有两个五连写的；也有写作人认为邘也是吴的称呼，是对的，但和吴的关系又是另一回事（图三）。

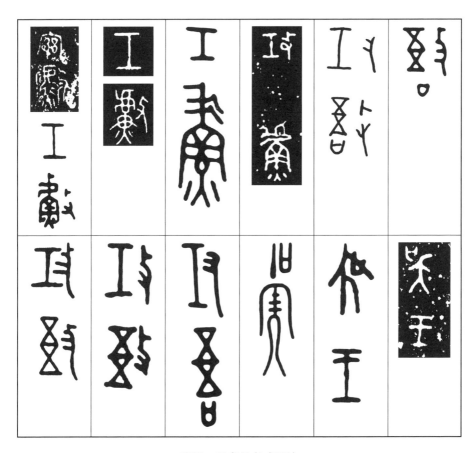

图三　吴字的各式写法

四、有多锋利？

据《战国策》卷20《赵策》记载："夫吴干之剑，肉试则断牛马，金试则截盘匜。"这是古代的记载，苏州博物馆所藏夫差剑据原藏家介绍，可以直接划断放在桌面的未固定纸张。据苏州博物馆最新所做测试，在不施加外力的情况下，仅以剑体自身重量，即可轻松划断12层宣纸，其当年锋利程度可想而知。

五、何人所用？

自作其元用，即做来自己使用。目前发现的此类铭文很多，仅夫差剑见诸报道的即达16件之多。夫差在位约22年，如此之多的佩剑岂不平均一年半就要换？为何弃之？显然，并不全是他所用。据文献推测，其用途有四：1.自佩。剑作为重要的防身兵器，国君自然要身佩，并作为身份的象征，秦代规定一定级别的人方可佩剑，逐渐人人均可佩剑，到汉代画像石中的门吏俱有长剑在身，此类长剑即后来的像剑、仪剑。2.赏赐。例如《吴越春秋》载"吴王闻子胥之怨恨也，乃使人赐属镂之剑"。夫差赐伍子胥属镂之剑虽是暴虐之举，然剑作为赏赐物却是习见。赐剑主要是用于鼓励将士勇敢作战，大多数王剑均属此类。如我馆新征集的工吴残剑，实为剑残断后改成铍的赐剑。3.礼物。《史记·吴太伯世家》记载季札北使，路过徐国，徐君羡其剑，但因有出使的任务，没有立即把佩剑赠给徐君。季札出使归来徐君已逝，季札就将其剑挂于徐君坟树之上。此剑即作为礼物赠予徐君。吴越剑在当时是稀世珍宝，为了结好秦晋，想必也有少量挂名吴王的剑作为礼品致于北方友国，晋陕发现少量的此类剑恐与此有关。4.商品。前文提到有人愿意用城池宝马来交换，此即作为商品的用途。春秋时期吴越铸剑技艺精湛，自然是大家争相购买的对象，进入流通在所难免（图四）。

图四　工吴残剑

六、何处得来？

　　吴越古剑出土不外三种地点。一为战场，两军对垒厮杀，一旦战败，丢盔弃甲乃是常事，如新泰吴剑即为此类（图五）；二为随葬，相传虎丘有阖闾随葬之剑 3000 余柄，竟引得秦始皇动用军队探寻。古人事死如生，生前所佩爱剑应当随葬；其三为战利品，吴越剑戈是人所共知的神兵，如有缴获，必作为重要战利品并继续使用，越境楚境出土之吴剑即为此类。湖北出土的吴王夫差铍，恐是战利品而再次被使用者。若问苏州博物馆所藏之剑的出土地点，实难

图五　山东新泰剑

回答。不过据知情人士告知，当时港肆尚有一批楚器适与此剑同时面世，或许即可推论此器当出于楚境？古玩市廛，鱼龙混杂，千人万词，聊记于此，以充谈资尔！

七、何处尚存？

夫差剑出土多柄，如湖北江陵马山出土者，现藏于荆州博物馆；河南洛阳中州路出土者，现藏洛阳博物馆；山东平度废品站收购者，现藏山东省博物馆；安徽寿县西门出土于省吾旧藏者，现藏中国国家博物馆；河南辉县琉璃阁出土者，现藏辉县百泉文管所；湖北襄阳蔡坡出土者，现藏湖北省博物馆；山东邹县城关镇出土者，现藏邹县文管所。另还有台北故宫、香港中文大学博物馆、美国哈佛大学各藏一剑。私人藏家的藏品，在此不具列。虽外界尚存多件，但二千余年前之古物，保存至今，仍完好无损者，以苏州博物馆所藏为第一。

八、有何特异？

吴越铸剑贵在工艺创新，其中青铜合金比例是铸剑的关键。《考工记》载："金有六齐：六分其金而锡居一，谓之钟鼎之齐；五分其金而锡居一，谓之斧斤之齐；四分其金而锡居一，谓之戈戟之齐；参分其金而锡居一，谓之大刃之齐；五分其金而锡居二，谓之削杀矢之齐；金锡半，谓之鉴燧之齐。""六齐"分别代表六种不同器物的合金比。吴越工匠发明了分铸技术，将剑柄、剑脊分开。剑刃需要很高的硬度，但易折，剑脊就采用锡含量较低的合金，增加其韧性，再将几乎不含铅而高锡的刃部合铸在一起，就可以达到柔中带刚的效果。另外，一些装饰了特殊纹样的剑都需要很高超的金属制造技术，如菱形暗格纹剑、错金剑等。就目前的发现来看，错金还可以细分为有刻槽的错金，以金汞剂涂抹烘烤而成的鎏金，以超薄金箔粘贴而成的贴金三类。苏州博物馆所藏这批兵器里面即有刻槽的错金，也有鎏金，是非常好的研究标本。菱形暗格纹被称为异光花纹，到目前为止，尚未完全破解其秘密。据上海博物馆谭德睿介绍，美国弗利尔美术馆的齐思博士（W. T. Chase）分析了美国所藏一件标本后认为其是采用植物酸或酸性天然盐在铜剑蚀刻成，然后用某种浸取或渗透工艺最终成品。复旦大学静电加速器实验室对越王勾践剑分析后认为，其菱形暗格纹是进行了硫化处理。上海博物馆对某一柄菱形暗格纹剑分析后认为，纹饰区和剑体存在含锡量的高低。最近上海博物馆和复旦大学静电加速器实验室再次合作，对菱形暗格纹剑的花纹做了

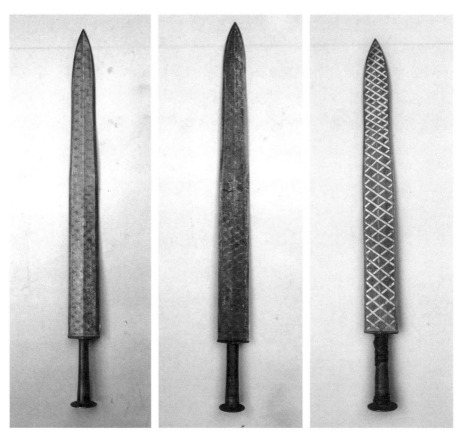

图六　菱形暗格纹剑、错金剑

分析，得出三条结论：1.纹饰部分和剑体部分铜锡含量不一样；2.氧化腐蚀的主要产物是二氧化锡；3.纹饰区和剑体都呈树枝状结晶，表明纹饰区也有一个从液态到固态的凝固过程，但中国科学院自然科学史研究所的何堂坤研究员却认为这类器物是先镀锡，再在锡的表面作特殊化学处理。这真是一个难解之谜。虽然上海博物馆已经制出了菱形暗格纹小样，但到底结果如何，我们拭目以待。苏州博物馆入藏了两柄暗格纹剑，其一为有感暗格纹花纹，用手指明显感觉到的；另一为无感，即手指划过没有任何感觉。如果有机会对此二柄做仔细的科学分析、比对，也许可以解开少许秘密（图六）。

九、有何看点？

其一为造型，此剑线条流畅，剑从收分自然，通体保存完好无缺，黝黑锃亮，寒气逼人；其二为装饰，剑格部分深铸兽面纹，再镶嵌以绿松石，即使有少部脱落，仍不失为春秋镶嵌技术的代表作；再看剑格和剑鞘扣合部分，更是曲中带直柔中带刚，上翘之圭角锋利如刃，让人叹为观止，剑箍上所钤松石小若沙粒却摆列整齐，亦是绝技；第三为技术。此剑使用了分铸技术，分铸是中国青铜铸造技术中的高级工艺。犹如现在的预制技术，一般将比较复杂或有特殊要求的部件先行铸成，然后再插入合范的相应部位熔铸在一起。著名的双色剑和大多数器物的耳部即使用此技术。因为此剑剑柄部位装饰复杂，且和剑体的韧性要求不同，所以采取了分铸技术。剑首以不同成分之合金青铜分铸后再衔接剑茎而成。此外，圆盘形首，铸有多圈精致峻深的同心圆凸棱。这种细密的多圈凸棱，上海博物馆等机构曾多次实验，在现代技术下也非常难以复制和仿制（图七）。

十、有何意义？

首先是科学与工艺研究价值。这次征集的兵

图七　剑格、同心圆纹剑首、剑箍

器中有多种工艺，如鎏金、错金、镶嵌、暗格纹等，都是研究金属加工工艺的重要材料。这次征集的错金菱格纹剑的花纹呈一条直通，交错的另一条断开，是研究此类工艺的绝佳素材。另外几柄剑的剑首同心圆铸造工艺也是值得关注的问题。在直径4厘米的剑首上铸有10余圈同心圆纹，圆圈的底部有的还饰有短线纹等地纹，同心圆壁非常之薄，即使现代铸造技术都很难完成，在当时的技术条件下是如何完成的，这是科技史上的一个大问题。再如这次征集的暗格纹剑有两柄，一柄表面有凸凹感，另一柄没有凸凹感。冶金史学者和科技史学者对这种工艺做了很多研究和复原，至今未能解开其技术原理（图八）。

其次是历史研究价值。吴王夫差自然是人尽皆知，勾践卧薪尝胆，三千越甲终灭吴的历史，耳熟能详，但是历史已经尘封，平常人已经淡忘，吴王夫差剑等文物

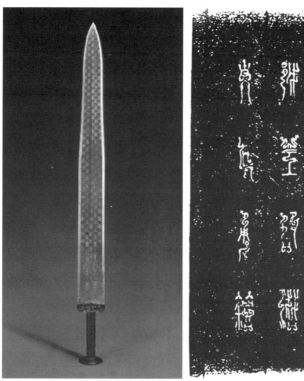

图八　勾践剑

就为我们提供了直观的历史研究素材。

接着是展示价值。没有展示就没有博物馆，博物馆展示和别的展示不同的关键在于，博物馆是唯"物"主义，必须以实物说话。春秋时期的吴文化，是苏州文化的源头和第一个高峰，苏州博物馆在基本陈列中专门设有一个"吴伯春秋"专题，但是没有一件文物本身能直观说明这是吴国的文化遗存。有了吴王夫差剑这件藏品，主题展览就有了主心骨，有了点睛之笔，整个展览的主题不言而喻，不言自明。

最后是文字学价值。春秋战国时期，各国文字异形。吴王夫差剑铭文中的"差"字，据研究，还可解开"差"字的字源，并纠正《说文解字》对"差"字的错误分类。黄盛璋认为，差字初看，上部为一横，仔细察看，中部实际下凹，即为篆体之羊字的上半。说文将其列在左部，解释为差不相值也，从左从来。左实为声旁，来即为形旁。来即麦穗，是麦穗下垂之形。我们说的珍羞（饈），和差上部相同，或可证明，差从羊才是更为古老的写法。珍羞，是指美食，羊，至美者也。这样就可以解释为何羞差的上半部相同的问题（图九）。

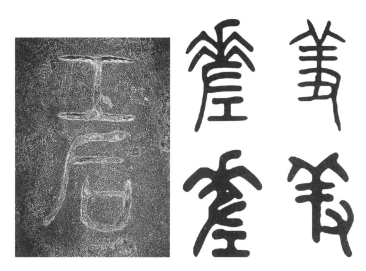

图九　差字特写、差羞之篆书

（原发表为程义：《"吴王夫差剑"八问》，《大众考古》2014 年第 11 期）

说"苏"

苏州是一座古老的城市，但"苏"的含义却众说纷纭，莫衷一是。源自明代，流传最广的"蘇字从草从禾从鱼，代表这里是鱼米之乡"的说法，看似圆满，却与史实相不合。今就此问题，略做说解，以增谈资。

一、"苏"的字形

"苏"是"蘇"的简化字，"蘇"字目前未见于甲骨文，但于西周金文中即为常见字，既有人名亦有姓，更有国名（图一、图二、图三）。"蘇"字的初字金文多作 𦥑 ，即楷书穌，也就是《说文解字》所收的"穌"字，至春秋战国始加形部艸，至汉代构件中的"木"逐渐固化为"禾"，汉印中多作" 蘇 "（图四）。隶化楷化即以汉代从草从禾之字为准，一直沿用至今。现在常见的简化字"苏"，其来源颇为隐晦，一说是草书楷化而来（图五）。就其字形来看，"穌"和繁体字"辦"的下半部的草书写法接近，而"辦"又可简化为"办"，所以就借其形而用之（图六）。据《简化字溯源》的研究，苏字最先见于1935年《手头字第一期字汇》和《简体字表》。

图一　苏公簋铭文

图二　晋侯苏鼎铭文

图三　宽儿鼎铭文

金　文	篆　文	隶　书	楷　书

图四　"苏"的演化

图五　草书"苏"

图六　草书"瓣"

二、"苏"的植物

稣字的本意已经不可考了，《说文解字》卷七解释为"把取禾若也，从禾鱼声"。稣是蘇的初文，典籍中多作蘇。苏的本意是植物名，《说文解字》《尔雅》等字书均称苏，桂荏（图七、图八）。《名医别录》：陶弘景谓：叶下紫色，而气甚香，其无紫色不香，似荏者，名野苏，不任用。颂谓：苏，紫苏也，处处有之，以背面皆紫者佳，夏采茎叶，秋采子。《图经本草》称"紫苏也，今处处有之，有面背俱紫，面紫背青二种"。《本草纲目》"紫苏白苏皆二三月下种，或宿子在地自生。其茎方，其叶圆而尖，四周有锯齿。肥地者面背皆紫，瘠地者面青背紫，其面背皆白者，即白苏，乃荏也"。荏，《通志》认为"似苏，而高大，叶不可食，惟子可压油及杂米做糜，甚肥美"。所以清代吴其濬在《植物名实图考》里归纳道："李时珍合苏荏为一，但紫者入药作饮，白者充饥。"根据各种古代植物书籍的记载，古代医家和农学家已经很清楚地知道叫作苏的植物实际包含两种植物：一是作为药物的紫苏；一是作为食用植物的荏。一般称叶全紫者为紫苏，叶全绿者为白苏，即荏子。紫苏的

图七　紫苏

图八　荏子

药用价值主要在去腥膻，消暑热，紫苏饮是一种古代非常流行的消暑凉饮，以致宋仁宗"命翰林院定汤饮，以紫苏熟水为第一，以其能下胸膈浮气也"。而荏子，则是北方常见的食物，《魏书》乙佛勿国与吐谷浑同，不识五谷，惟食鱼及苏子。梁沈约《谢司徒赐北苏启》和《敦煌文书》伯3745号、2162号背均有关于苏子的记载，有苏米、苏粥、苏面，斯6233号还有苏油的记载。这里的苏，有人不知苏子即荏子，误以为是粟的异写，实在是谬之千里。近现代植物学研究认为二者属于同一种植物，其变异是因为栽培而起，但就其形态和功用应分为两种植物为宜。紫苏属唇形科，拉丁名 Perilla frutessens britt。紫苏今南北皆有野生，多作调料与药物，而荏子只有北方有栽培，作油料或煮粥，韩国仍食用荏子粥。日韩等国早已有食用紫苏的习惯，随着对紫苏营养价值的认可，紫苏叶也逐渐走上了人们的餐桌。

三、"苏州"得名

苏州的历史，《元和郡县图志》有一个简单的归纳："禹贡扬州之地。周时为吴国……至阖闾迁都于此，后为越所并，楚灭越而封黄歇于吴。秦置会稽郡二十六县于吴……汉亦为会稽郡，后汉顺帝永建四年……遂割浙江以东为会稽，浙江以西为吴郡……隋开皇九年平陈，改为苏州，因姑苏山为名。"显然，苏州这个名字出现得很晚，其名称是因为姑苏山之苏而来。在早期文献中，"姑苏"亦作"姑胥"，两者相通。如勾践灭吴，栖夫差于姑苏山。姑苏山在《国语》和《史记》中作"姑苏之山"或"姑苏"，在《吴越春秋》中则作"姑胥之山"。由此可见，姑苏山即姑胥山。故宋范成大《吴郡志》卷十五载："姑苏山，一名姑胥，一名姑余。"同样，姑苏台也就是姑胥台。今苏州的胥山、胥江等地名就和姑胥山有关，应该是姑胥山和姑胥江的简称。从姑苏可称姑胥来看，显然苏、胥之间的联系只是语音上的关系，如果单独考虑"苏"的含义来解释苏州的得名已经误入歧途了，其含义还应于先秦文献中去探寻，亦即应用姑苏的含义来解释苏州之得名。

四、"姑苏"含义

"姑苏"一词自春秋有"姑苏台"以来，不绝于文献，开皇九年改吴郡为苏州，也是因姑苏山而得名。后来江宁府和苏州府合并为一个省级行政单位江苏，也是取自二府之名。"姑苏"一直作为"苏州"的代名词，沿用至今，"姑苏"一词与苏州可谓是如影随形。然"姑苏"一词究为何义？渊源如何？古今学者虽有探讨，因为史料缺乏，尚未能达成统一意见。将诸家旧释做一归纳，不外勾吴之音转、山名、盐官、鱼米之乡等解释，但这些解释均不能令人信服，在拙文《"姑苏"新考——以新出青铜剑铭文为基础》（载《兵与礼——苏州博物馆新入藏吴王余眜剑研讨会论文集》，文物出版社，2015 年）已有评议，在这里仅将青铜剑铭文部分做一介绍，以便大家讨论。前贤在讨论吴地地名时引用了诸樊剑剑铭资料（图九），这是一个正确的方向，可惜囿于旧的释读，未敢做进一步考证。新近苏州博物馆藏余眜剑铭文长达 75 字（图十），且铭文完整无缺，尤为关键的是"攻虞（吴）王姑雠乌雠曰：余，寿梦之子；余，叔俄邻之嗣弟"这一部分把吴国几位国王的关系说得很明白。令人振奋的是"工吴王"之后出现了过去未曾发现过的铭文"姑雠"二字。我们认为这两字位于王之后、余眜人名之前，其读音和姑苏非常接近。考虑到这是以北方文字记载南方读音的结果，就像铭文里的工吴均被北方记作勾吴一样，读音略有差异是可以理解的（图十一）。受此剑铭文的启发，我们进一

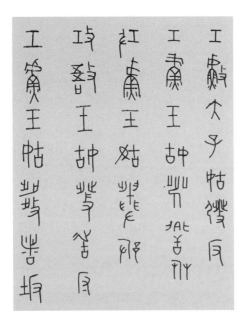

图九　诸樊五器铭文摹本（局部）

图十 苏博余眛剑铭文（局部）

图十一 绍兴余眛剑铭文

69

步认为诸樊剑铭中所谓"姑发"一词也是姑苏一词的对音,只是选择字符的不同。鉴于"姑雠"一词位于王之后、人名之前,这个位置只可能是一个类似姓或氏之类的专有名词。南京博物院张敏先生认为鸠兹、湖熟、固城、葛城等接近姑苏读音的地名,都是吴国都城的废弃后遗痕,也与此有关。而姑苏台正是因为属于这一氏族集团,所以才冠以姑苏二字,而姑苏台所在的山也因姑苏台而得名。

五、结　　论

苏州之"苏"源自"姑苏",是"姑苏"的缩略,其本意是吴国王室的姓氏和都城专名,在解释苏州时不能望文生义。苏作为植物,是唇形科植物紫苏的称呼,和鱼米之乡没有关系,紫苏之"蘇",之所以带有鱼的构件,也许和这种植物本身带有鱼腥味有关系。

（原发表为程义:《说苏》,《中国文物报》2016 年 8 月 19 日）

赏瓷品茶

陆龟蒙何处得见秘色瓷

秘色瓷莲花碗的前世今生

从出土文物看"茶"字的演化

陆龟蒙何处得见秘色瓷

晚唐诗人陆龟蒙留下一首咏《秘色越器》诗，但凡研究秘色瓷者皆可脱口而出"九秋风露越窑开，夺得千峰翠色来。好向中宵盛沆瀣，共嵇中散斗遗杯"，但是神秘的秘色瓷却只见于文献，什么是秘色争讼纷纭，莫衷一是。直到1987年，一场暴雨摧毁了法门寺塔，考古工作者揭开地宫，看到了物帐碑上的"瓷秘色碗七口，秘色盘子碟子共六枚"（图一）。于是按图索骥，在地宫珍宝中确实发现了十三件越

1. 上林湖秘色瓷铭匣钵　　　　　　2. 法门寺物帐碑局部

图一

图二　法门寺地宫秘色瓷出土情况

图三　光启三年贡窑之北墓志罐

窑瓷器，秘色瓷真容方才显露（图二）。这是秘色瓷最为关键的考古发现，引起了文物考古学界的高度重视。随后寻找秘色瓷窑的工作迅速展开，2015年浙江文物考古研究所公布了上林湖后司岙秘色瓷窑址的资料，结合1977年吴家溪出土"光启三年岁在丁未二月五日殡于当保贡窑之北山"（图三），可以确信后司岙就是秘色瓷的主要窑址。这次发掘可以说是继法门寺之后秘色瓷考古的又一次关键性发现，正如郑建民兄所言：此次发掘基本理清了以后司岙为代表的唐宋时期高质量青瓷窑场的基本格局，晚唐五代时期秘色瓷的基本面貌与生产工艺，唐代法门寺地宫与五代吴越国钱氏家族墓地出土秘色瓷的产地问题。

问题是如此珍贵神秘的，只有皇室和高级贵族才有资格享用的瓷器，一介布衣陆龟蒙何以得到信息？他是亲眼所见？还是风闻？又是在何处何种场合得到信息呢？这首诗是一首咏物诗，但未收于咸通十二年（871年）所编《松陵集》和乾符六年（879年）编《笠泽丛书》，故其创作年代无从得知。咏物诗，顾名思义，就是以具体事物为描绘对象，并由此而抒发感情的诗歌。那么，一定有某种信息激发了他创作此诗的欲望。循诸常理，他应该是听说或亲眼见到了秘色瓷。为此，我们试对此做一合理的推测。

陆龟蒙和其他几位较早描绘秘色瓷的人，如北宋徐寅、赵彦卫等官员的身份不同，他只是一介布衣，能见到秘色瓷的机会并不多。我们依据《皮陆年谱》（李福标，中山大学出版社，2011年）对他的生平做一排查，即可圈定相应的时间窗口。陆龟蒙生于文宗大和四年（830年），卒于僖宗中和元年（881年），享年五十二岁。他长期居住在苏州，有临顿里和甫里两处住宅，在震泽小鸡山有别业，顾渚有茶园。文宗开成二年（837年）外祖父张仲方卒，其父陆宾虞任校书郎，开成四年其父外放，任溧阳尉。宣宗大中八年（854年）与豆卢瑑同游宣城。同年，在润州取解赴京参加科举考试，未果，此后两年在两京地区隐居读书，以备再战。宣宗大中十三年科举再次失利，东归游嵩岳、润州北固山等地。懿宗咸通元年（860年），游桐江、饶州、抚州，其父陆宾虞暴卒于浙东从事官舍，陆龟蒙因此气血败索达两年之久，此后决意于世事。懿宗咸通六年，到睦州与同宗陆墉，及郑窦游。咸通七年赴杭州拜会丁隐君。咸通十年（869年）六月崔璞任苏州刺史，皮日休入幕，主军事院判官。陆龟蒙以进士身份拜谒皮日休，此后陆龟蒙始加入苏州官方人士之唱和圈。据《绍定吴郡志》载刺史崔璞也"间为诗，令两人属和"，在《松陵集》中收有多首崔璞参与苏州文人集会的诗作。同年秋陆龟蒙再次于苏州取解，拟赴京参加科举，惜因庞勋兵乱，战事吃紧，汴河不通，朝廷临时取消来年春试，陆氏忧愤成疾。咸通十一年（870年），皮拟荐陆入崔璞幕。早秋，再游润州北固山。本年深秋浙东观察使推官李縠罢府西归，过苏州，与皮陆等苏州文士有酬唱。咸通十二年（871年）三月，崔璞罢郡，崔幕解散，本年秋陆龟蒙将诸人唱和诗编成《松陵集》十卷。咸通十三年（872年），与刺史张抟游湖苏间。僖宗乾符六年（879年），陆龟蒙编成自己的诗文集《笠泽丛书》，中和元年（881年）陆龟蒙卒。

晚唐江南从大中十三年（859年）浙东裘甫起义开始，动荡不安，咸通九年（868年）庞勋再次起兵，一度中断运河漕运，江南淮南震动，十年始平。陆龟蒙因此无法北上参加科考。乾符二年（875年）狼山镇将王郢叛乱，掳掠苏常二州，进而侵扰浙东，僖宗命镇海、浙东、福建三镇共同对付王郢，乾符四年始平。同时乾符二年王仙芝起事于河南长垣，接着乾符五年黄巢起事于山东冤句，义军长期游动于江南岭南，并一度攻入长安，至中和四年（884年）方在沙陀李克用的帮助下平息。动荡不安的社会环境对秘色瓷的生产和运输造成了极大的影响。

陆龟蒙接触秘色瓷的地点，不外乎烧造地会稽、运送途中、终点站长安。但是根据《旧唐书·志第二十三·职官二》关于贡物运输和储藏的规定："凡天下朝集使，皆以十月二十五日至京师，十一月一日户部引见讫，于尚书省与群官礼见，然后集于考堂，应考绩之事。元日，陈其贡篚于殿廷。"陆氏在长安时，他只是一介布衣，以他的身份根本没有机会看到地方的贡物，更遑论秘色瓷。在制造地会稽，陆龟蒙的父亲陆宾虞曾任浙东从事，按理他有机会接触到秘色瓷，可是不幸的是他父亲到任半年即暴卒，即使可能，那段时间恐怕也是令他非常伤感的时期，而秘色一诗的格调似乎没有半点忧伤惨痛之感，所以也不可能和此段时间有关。如果考虑到身份、机缘、地利等因素，我觉得皮日休来苏入崔璞幕，引荐陆龟蒙加入苏州官场文人圈，这一段时间既是秘色瓷产区比较稳定的时期，也是陆氏心情舒畅，诗作高产的时期。这个时期可能是一个最佳的时间窗口，即咸通十年（869年）下半年到咸通十二年（871年）春。陆氏见到秘色瓷涉及一个关键的人物李毅。据《唐诗纪事》载：李毅，字德师，咸通进士也，唐末为浙东观察推官，兼殿中侍御史。根据《松陵集》苏州文人圈的唱和诗得知，李毅从浙东观察使推官任上罢府西归过苏州时正是深秋时节，陆龟蒙有《送浙东德师侍御罢府西归》诗。当时适值皮日休蓄养的华亭鹤亡，李毅诗云"人间华表堪留音，剩向秋风寄一声"。华亭鹤是"（皮日休咸通十年）及来吴中，以钱半千得一只养之，殆经岁，不幸为饮啄所误，经夕而卒"（《松陵集·卷九》）。因此，李毅经过苏州的时间应是咸通十一年深秋。浙东正是进贡秘色瓷的地方，李毅极有可能担负着押运贡物的职责。因为按《唐六典·卷三·尚书户部》规定：凡天下朝集使皆令都督、刺史及上佐更为之；若边要州都督、刺史及诸州水旱成分，则它官代焉。而观察使推官正是高级幕僚之一，即所谓的上佐。退一步讲，即使不是押运贡物，他也是和贡物船队同路而行。从会稽出发后，沿着浙东运河到达杭州，折向北到达苏州，在苏州略作停留，参与了苏州文人的系列活动。因为陆龟蒙的父亲和浙东有关联，并担任过浙东观察推官兼殿中侍御史，是李毅的前任（另根据《登科记考补正》卷二十，陆宾虞文宗大和元年进士第，《唐诗纪事》载李毅咸通进士应是错误，因为咸通时李毅已是侍御史衔。侍御史，从六品下，进士及第的起资官一般是八九品县尉，按理在短期内，不可能升迁如此之快。据洛阳新出《李毅墓志》咸通进士应是其弟李毅，五年及第。李氏兄弟四人，分别是夕、彀、毅、毅，后三位名字的读音字形都非常接近而致误）。陆是故人之子，二人应有一些单独的交流。也许谈到甚或是观看了浙东贡物，特别是其中的秘色瓷给陆龟蒙留下了深刻的印象，随之作诗以寄兴。咸通十二三年以后，陆龟蒙一方面身体欠佳，多卧病笠泽，另一方面江南淮南不靖，战乱迭起，秘色瓷是否能正常生产，不得而知。加之他已失去了官员文人圈的阵地，自然是无法接触到秘色瓷这类高档物品了。

回头再看法门寺物帐碑记载"真身到内后，相次赐到物一百二十二件：……瓷秘色碗七口（内二口银棱）瓷秘色盘子叠子共六枚"。真身是什么时候进入内廷的呢？《真身志文碑》云："以咸通十二年八月十九日得舍利于旧隧道之西……十四年三月二十二日，诏供奉官李奉建……虔请真身……以四月八日御安福楼会宰臣者避以延伫……以十二月十九日自京都护送真身来本寺……以十五年正月四日归安于塔下之石室。"根据金银器的錾文，有咸通九年十年文思院一组，这批金银器多有编号，应是内库物品，咸通十二年八月十日金函、八月十五日银函、十月十六日银涂金盝则是僧侣专门定制的供奉物，十二年十一月十四日奉真身菩萨、十四年三月二十三日敕令文思院制作的锡杖、金钵盂也是专门为法门寺制作的。也就是说，法门寺地宫供奉物品，既有来自内库现成的物品，也有从发现舍利的咸通十二年八月开始陆续制作的物品。而且根据咸通十二年八月在未发现真身舍利前即开始制作供奉物的反应来看，封闭地宫是八月打开前即已经确定的事情。而佛骨返回的时间是咸通十四年十二月，那么秘色瓷选入的时间只能是十二年至十四年之间。根据石刻有咸通十五年字样，即可判断此石刻刻于咸通十四年七月懿宗驾崩之前，因为新帝继位第二年改元是定制，如在七月后，则不会出现十五年字样。而瓷器进奉是每年十月二十五日方可到京,那么十四年就不可能了,只剩下十二、十三年两年。而我们知道,咸通十二年、十三年的瓷器,必是十一、十二年从越州起运的,这适好和我们推测的陆龟蒙于苏州见到浙东观察使推官李毅的时间吻合。所以,我们可以大胆的推测,陆龟蒙所吟咏的秘色瓷正是埋入法门寺地宫的这批瓷器。

另外值得关注的是,后司岙出土专供烧制八棱净瓶的喇叭形瓷质匣钵也多发现于出土"咸通某年四月八日"(图四)匣钵的第五层,同时也出土了净瓶残件(图五),釉色、形制、制法几乎和法门寺净瓶完全相同,这也是令人惊叹不已的巧合。

如前所叙,尽管秘色瓷给我们留下了很多谜团,我们也反对简单的附会编年,但因为文献、时地、人物等机缘的巧合,让我们得以将法门寺地宫秘色瓷和陆龟蒙诗歌更加紧密的对应起来。因此,我们可以说陆龟蒙越窑诗所描绘的正是法门寺地宫此类器物,甚或就是这批瓷器。

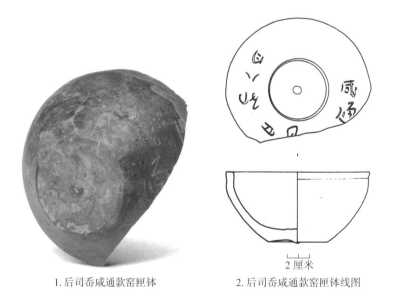

1.后司岙咸通款窑匣钵   2.后司岙咸通款窑匣钵线图

图四

1. 后司岙净瓶和匣钵

2. 法门寺地宫净瓶

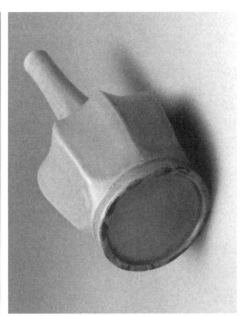

3. 法门寺净瓶底部

图五

（原发表为程义：《陆龟蒙何处得见秘色》，《中国文物报》2018 年 5 月 18 日）

秘色瓷莲花碗的前世今生

图一　秘色瓷莲花碗

在苏州博物馆吴塔国宝展区的北厅正中，陈列着一件举世瞩目的国宝级文物，也是苏州博物馆的明星文物——秘色瓷莲花碗（图一）。此宝物由碗体和盏托两部分组成，略塌斜。碗高 8.9、口径 13.9 厘米，直口深腹，矮圈足，外壁饰三重浅浮雕莲瓣纹。盏托高 6.6、口径 14.9、底径 9.3 厘米，整体形状如豆，上部为翻口盘，刻划双钩仰莲两重，下部为外撇的圈足，饰浮雕覆莲二重。瓷胎呈灰白色，胎质细腻致密，颗粒均匀纯净，托心平整，正中镂有一小圆孔直通器底，孔边刻"项记"二字。通体施青釉，釉层厚且颜色一致，光洁如玉，如湖水般清澈碧绿。器形敦厚端庄，比例适度，线条流畅，丰腴华美，通体恰似一朵盛开的莲花，构思巧妙，浑然天成。

　　观众乍见此碗，无出意外的都会感觉惊艳。越端详越会对其产生浓厚兴趣，于是，这件宝器究竟从何而来？她有怎样的身世？她被发掘的历程等等疑问会浮上心头。为了更好地了解和欣赏她的美，我们咨询参与过该碗发掘、展览的老同事，把她的面世经历与历史文献相互参照印证，勾勒出她的前世今生，以飨观众。

一、火钳夹出个国宝

1957 年，苏州市文管会根据塔上发现的纪年铭文砖，大致推断虎丘塔始建于五代时期，而建成于北宋初年。根据第三层塔心发现的建隆二年墨书铜镜看，虎丘塔建成不早于 961 年。1984 年 12 月 13 日，在塔基东南角发现的"庚申岁羊日僧皓谦督造此寺塔"明确告诉我们，虎丘塔始建于唐昭宗李晔光化三年，即公元 900 年。因虎丘塔建于一块倾斜的岩石之上，地基未做找平处理，所以千余年来，一直存在着倾塌的危险。再加之木结构塔檐逐渐损毁，虎丘塔的状况更是雪上加霜，岌岌可危。解放后，苏州市积极贯彻中央文物保护政策，于 1956 年 3 月开始加固维修虎丘塔。由此契机，这一稀世珍宝才得以重见天日。

据《苏州虎丘云岩寺塔发现文物内容简报》(《文物参考资料》1957 年第 11 期）记载"本年三月三十日下午，工人王菊生在塔之第二层正西门口边沿灌浆时，屡灌不满，觉其中似有空隙，揭开一部分砖砌（约 60.5 公分深处），发现孔道，探身进入，见有直南直北（约长 1004 公分），直东直西（约长 1140 公分），阔 68 公分，高 63 公分十字形空偌一条，中间放着长方形石函和其他文物多件，即予取出"。

据当事人钱镛先生回忆：在第二层发现文物时，工人由于缺乏经验，处理不当，导致石函散架，文物有所损毁。第二天，国家文物局王冶秋局长就看了第二层出土文物，并特意嘱咐要注意看虎丘有没有天宫。所以，在此后的施工中，文物部门人员谢孝思、陈涓隐、顾公硕等一直在现场指导加固工作。钱镛先生生前亲口说过："1957 年 5 月 25 日，在虎丘塔第三层中间十余层砖下发现了紫楠木板，掀开木板，下边是一个小穴，大概一米见方，人不得进。当时我最年轻，于是趴在地下用一把借来的火夹将文物一件件夹出（图二）。第一件被夹出的就是釉面翠色滋润的越窑青瓷莲花碗。"当时工作人员用棉布将火钳头部包裹起来，以便保护文物。非

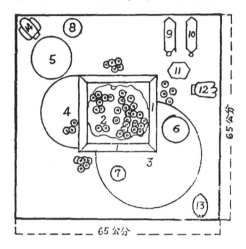

图二　虎丘塔第三层文物分布示意图

1. 石函　2. 残钱囊　3. 陆七娘铜镜　4. 十二生肖镜
5. 铜镜　6. 青瓷碗　7. 九角铜杯　8. 铜坐佛像
9、10. 铜十一面观音　11. 六角铜座　12. 铁铸佛龛
13. 三佛铜造像　14. 檀香木雕三连佛龛

常幸运的是，在钱镛先生的精心呵护下，该碗和碗托有惊无险、完好无损地被提取了出来，并送至位于狮子林的文管会库房。在简报里该碗被称作"越窑青瓷莲花连座碗"，而后该简报在收入苏州地区文化局、苏州市文管会、苏州博物馆合编的《苏州文物资料选编》内部资料时，碗名被改为"越窑青瓷莲花碗"，并增加了"高12.5公分，口径13.5公分"字样。随后，苏州市文物管理委员会组织人员编成《苏州虎丘塔出土文物》一书，由文物出版社在1958年7月正式刊布，考古简报也于同年刊出（图三）。

1. 苏州博物馆工作期间的钱镛

2. 虎丘塔出土文物书影

图三

二、默默无闻三十年

因为时间久远，期间相关机构经过多次合并与重组，加之文字资料断续，该碗出土后的详细情况已经非常模糊。仅根据部分残留资料，得知她先后参加过1960年1月-1962年2月苏州市举办的"社会主义革命和建设之路——庆祝建国十周年展"基本陈列，1961年10月-1962年4月苏州博物馆举办的"虎丘云岩寺塔出土文物展"。最为重要的是1971年10月参加了在北京中国历史博物馆举办的"全国出土文物展"。这个展览是郭沫若提议，周恩来总理批示，由全国各省市选送文物，为"中华人民共和国出土文物展览"而做的筹备展。该碗收入1972年外文出版社为此而出版的《新中国出土文物》多语种图录，编号为172，和171号合占一页版面（图四）。

1.《新中国出土文物》书影　　　　2.《新中国出土文物》内页

图四

图五　临安板桥五代墓褐彩壶

勾稽当时资料得知，参加这次筹备展后，这件明星文物没有受到足够的重视，而是一度蒙尘。著名考古学家夏鼐为"中华人民共和国出土文物展览"专门撰写的推介文章《巴黎、伦敦展出的新中国出土文物展览巡礼》（考古 1973 年第 3 期）中专文介绍"五代时代（907-960 年）中国青瓷器的发展进入了一个新的阶段，产生了著名的'越窑'瓷。1969 年浙江临安的一座五代墓，出土了好几件越窑瓷器，其中有一件高达 50.7 厘米的云纹壶，更为罕见"（图五）。著名的瓷器史专家冯先铭在《我国陶瓷发展中的几个问题：从中国出土文物展览陶瓷展品谈起》（文物 1973 年第 7 期）一文中专门对越窑和秘色瓷做了探讨，但亦未对此碗做进一步考察。可见，当时学界并未认识到此碗的重要性。因而，此碗未入选中国出土文物海外系列巡展目录，而是在北京故宫展览结束后即返回苏州，无缘 1973 年中国出土文物海外系列巡展。1984 年，建国三十五周年北京故宫博物院举办的"全国出土文物珍品展"上，苏州参展文物也改为了瑞光塔舍利宝幢。至于有的老同志回忆说，当时周总理认为此碗只有一件，特别珍贵，就建议不要出国展览的说法，可能只是传言，经不住推敲。在"文革"结束后，该碗参与了 1977 年 8 月-1983 年 9 月苏州博物馆举办的"苏州出土文物陈列"基本陈列，但也一直未引起足够的重视。

三、法门寺塔倒天惊

无论外界对此碗价值如何评价，本馆学者一直都在继续研究。当时大家都怀疑过这件器物就是文献里神秘的"秘色瓷""柴窑瓷"，但苦于没有可靠的文献依据和实物资料可资比对，所以也就没有能够形成文字。打破僵局的机会，来自法门寺地宫的打开。1987年，陕西扶风法门寺地宫出土了大批稀世珍宝，其中有十三件能与同出土物帐碑上的"瓷秘色碗七口，秘色盘子碟子共六枚"（图六）对号入座的秘色瓷。这十三件瓷器加上未见物帐碑记录的青釉八棱瓶，共十四件作品的问世，

1. 法门寺物帐碑局部

3.《越窑、秘色瓷》书影

2. 法门寺地宫秘色瓷出土情况

图六

使世人初次见识到了什么是真正的、典型的秘色瓷。这一重要的发现为进一步甄别失传已久的秘色瓷提供了标准器，彻底打破了秘色瓷研究中的困局，为该课题的研究注入了新的活力。此后，经过多方商定，陕西省文物局（由法门寺博物馆具体负责）、浙江省文物局和上海博物馆三方决定联合举办一次越窑、秘色瓷讨论会。会议定于1995年1月在上海举行，由上海博物馆负责会议的筹备工作。会议组织了一批各地出土的越窑、秘色瓷精品，陈列于会场供会议代表观摩研究。其中法门寺博物馆提供一批不同类型的秘色瓷，这是法门寺秘色瓷出土以来在陕西省外展出数量最多、品种最齐的一次。浙江省及文物局也组织了大批越窑、秘色瓷精品和标本资料。北京故宫博物院、苏州博物馆、吴县文管会、内蒙古自治区文物考古研究所、河南省文物考古研究所等单位也提供了不少精品。难能可贵的是，这次会议中除了法门寺及少数文博单位送展的展品封入展柜外，上海博物馆和部分地区送展的瓷器在严格按照文物保护要求为前提下，允许学者们上手观摩。秘色瓷莲花碗由苏州博物馆钱公麟、孙宗璟二先生全程护送。在会议最后一天，应上海博物馆汪庆正副馆长强烈要求，将此碗从展柜中取出，经过专家们上手观摩和讨论。最后，大家一致公认苏州博物馆越窑青瓷莲花碗可以作为秘色瓷器的标准器。随后，该碗收入汪庆正主编的《越窑、秘色瓷》（上海古籍出版社，1996年）一书，图版编号31，被正式定名为"五代越窑秘色瓷莲花式托盏"。从此，该碗才得以"验明正身"，焕发出新的生机与活力。

四、新馆建成后大放异彩

虽然此碗在上博秘色瓷会上被确认为秘色瓷，但是当时苏州博物馆依然蜗居在国保建筑忠王府里，展陈和安保条件都非常简陋，该文物的光彩难以完全绽放。1999年夏天，为适应苏州经济的快速发展和广大市民休闲益智的需求，苏州市决定建造新的博物馆。2006年10月，历时7年，由世界著名建筑大师贝聿铭担纲设计的苏州博物馆新馆在金秋时节露出了崭新的容颜。新馆的陈列设计方案与建筑设计互动同步，每个展室都做得精巧别致，既有苏州园林特色又具现代建筑气息，新馆与建筑互为表里，相得益彰。在西廊主展区，贝老量身定做了"吴塔国宝"厅，突出展示了苏州两座标志性佛塔（虎丘云岩寺塔和盘门瑞光寺塔）内发现的国宝级佛教文物，设"宝藏虎丘：虎丘云岩寺塔佛教文物"和"塔放瑞光：瑞光寺塔佛教文物"南北两个展厅。这两个被特别设计为八角形砖塔格局的展厅，主次分明的布局形式直观再现了文物保存原貌，充溢着庄严圣洁的宗教情怀。秘色瓷莲花碗就安置在北厅正中央的独立展柜中，供人们近距离"围观"。同时出版了《苏州博物馆藏虎丘云岩寺塔瑞光寺塔文物》（文物出版社，2006 年）图录，第一次公布了莲花盏托上的"项记"二字照片（图七），以供专家学者研究。为了更好的展示其细节，后来还在边柜中设置了高清视频播放系统。从此，秘色瓷莲花碗就无可争辩的成为苏州博物馆 1300 余件展品中最耀眼的明星，一直

图七　项记款

受到观众的喜爱和追捧。该碗在 2013 年 8 月 19 日被国家文物局宣布为第三批禁止出境展览文物，编号 23，属于陶瓷类孤品。禁止出境文物目录是国家文物局根据《文物出国（境）展览管理规定》，在全国文物精品中划定的一个特别重要的文物清单，入选者均为特别重要的孤品文物，目前共公布三批 195 件组。根据国家文物局 2018 年公布的数据，全国共有一亿余件文物，秘色瓷莲花碗能列入禁止出境文物，其在全国文物中的地位和重要性可见一斑。

　　除常规展览外，苏州博物馆紧扣时代脉搏，致力于从馆藏文物中发掘文化元素和亮点，将其与当代手工艺制作融合，开发文创产品，更好的宣传和展示文物。根据馆藏代表性文物"秘色瓷莲花碗"制作而成的"国宝味道之秘色瓷莲花碗曲奇饼干"大受欢迎。抹茶口味的设定使饼干的颜色和文物实物接近，国宝味道的概念，

图八　国宝味道饼干

使观众购买和食用过程充满奇妙趣味，从而在不知不觉中与国宝文物实现了一次互动，并且满足了大家把国宝带回家的愿望。此款文创产品荣获2014年中国博物馆文创产品优秀奖，同时也在本次评选中获得了"文博传承奖"（图八）。

五、秘色瓷大解密

晚唐诗人陆龟蒙《秘色越器》诗"九秋风露越窑开，夺得千峰翠色来。好向中宵盛沆瀣，共嵇中散斗遗杯"，为我们留下了秘色瓷的珍贵记忆，也为后世留下了一个个秘色瓷之谜。五代宋元以来，学者们为此争讼不已。什么是秘色瓷，秘色瓷产地在哪里，如何制造，有何用途……问题可谓层出不穷。

如果说法门寺地宫的发掘，回答了什么是秘色瓷的问题，那么上林湖越窑窑址的发现就是最终解开（如何烧造秘色瓷、哪里烧造秘色等）众多谜团的关键。早在1928年，著名的瓷器专家陈万里先生，就以科学的方法对上林湖越窑进行了7次调查，搜集了瓷片标本进行排比研究，开辟了一条瓷器考古的新途径，使我国陶瓷学进入了一个崭新的阶段，为现代陶瓷学研究奠定了科学考古的基础。陈先生认为浙江宁绍平原为越窑产地，越窑普通瓷器是民间用品、秘色瓷是进御用品，两者同为越窑产品。建国以后，浙江考古工作者一直在此区域进行工作，但绝大多数仅限于地面调查。

上世纪 80 年代末，由于法门寺秘色瓷的出土，寻找秘色瓷窑的工作再次被提上日程，90 年代前掀起了越窑考古的第一次高潮。这次高潮中，在上林湖荷花芯、石马弄、寺龙口窑址中均发现了高档越窑瓷器，其产品质量也接近秘色瓷的水准，但占比非常低，这表明它们非秘色瓷生产的主要窑场。后来，考古工作者将目光转向了位于上林湖越窑窑址核心部位的后司岙。后司岙窑址位于慈溪市桥头镇上林湖中部西岸边，编号为 Y66。从历年调查的情况来看，其产品中秘色瓷比例高、质量精、种类丰富，结合 1977 年吴家溪出土"光启三年岁在丁未二月五日殡于当保贡窑之北山"墓志罐的记载，推测这里就是晚唐五代时期秘色瓷的最主要烧造地。发掘主持者郑建明将上林湖后司岙窑址的发掘收获总结为以下几点：其一，理清了窑场的基本格局：以 42 米长窑炉为中心，右侧为房址、排水沟、釉料缸等组成的作坊区，左侧为深厚的窑业堆积。其二，理清了产品的基本面貌。确定了秘色瓷的基本特征：胎质比普通越窑瓷器更细腻更白、釉面更加均匀，制作更加精细。其三，理清了秘色瓷的装烧工艺，发现了秘色瓷在烧造过程中区别于其他青瓷的重要特征之一是使用瓷制的匣钵。其四，揭露了秘色瓷的兴衰过程，经由对匣钵的统计发现，在五代中期左右秘色瓷的产品质量已经开始下降。后司岙窑址出土的秘色瓷产品，与唐代法门寺地宫中以及五代吴越国钱氏家族墓中出土的秘色瓷不仅在器型、胎釉特征上十分接近，而且装烧方法亦几乎完全相同，其中八棱净瓶目前仅见于后司岙窑址中。同时还发现一片瓷质匣钵，上面有明确的"罗湖师秘色椀"字样。因此可以确定，晚唐五代时期的绝大多数秘色瓷器当为本窑址的产品。非常幸运的是，考古发掘者和瓷器爱好者在后司岙窑址发现的匣钵上和瓷片上，也发现了"项郎""项""……项造"等字样，有力证明了苏州博物馆秘色瓷莲花碗就是后司岙秘色瓷窑址的产品（图九）。

1. 上林湖后司岙秘色瓷窑址

2. 光启三年贡窑之北墓志罐

3. 后司岙净瓶和匣钵

4. 法门寺地宫净瓶

5. 秘色碗罗湖师匣钵

7. 项郎秘色瓷匣钵

6. 项字款

8. 项造款瓷片

图九

至此，秘色瓷莲花碗的大部分谜题得以破解。然而，也许还是有人会追问，在唐、五代、宋时期，秘色瓷"臣庶不得用之"，即所谓"陶成先得贡吾君"，秘色瓷莲花碗怎么会出现在虎丘塔里呢？原来，它是吴越国王室成员的供养品。唐末，钱镠在杭州建立吴越国，为了保境安民，史载"吴越钱氏既定十三州之地，分令诸子守疆土，以第六子元璙尝解姑苏之厄，征战有功，令守苏州。同光二年，诏升苏州为中吴军，授元璙为节度使，镇抚之"。镇守苏州的钱氏家族成员去世后即葬在苏州横山（又名七子山）。1979 年 3 月，人民解放军某部在施工中发现了一座前中后三室五代墓。该墓规模宏大，随葬有金玉瓷铁石等各类物品百余件。特别是该墓出土的金扣青瓷碗、多层青瓷套盒和后来杭州康陵等吴越国墓出土秘色瓷，无论是形制、色釉等都如出一辙。因此，研究者认为这是一座钱氏家族成员之墓。钱氏吴越国，一方面发展经济，一方面弘扬佛教，因而虎丘塔在修建伊始就得到吴越国王室的大力支持，最为珍贵的秘色瓷莲花碗作为供养品而被放入天宫的推断当能成立。

三十年来，学界对秘色瓷的认识日渐清晰和丰富。2016 年，秘色瓷产地——后司岙窑址得以确立，这是秘色瓷研究史和中国陶瓷史上的重大发现。2017 年，正值法门寺地宫考古发掘三十周年。为纪念秘色瓷研究史上的两大事件，展示秘色瓷的研究成果，2017 年 5 月 23 日至 7 月 2 日，"秘色重光——秘色瓷的考古大发现与再进宫"展在故宫博物院举办，苏州博物馆镇馆之宝——秘色瓷莲花碗再次走入故宫。不过这次是以超级明星的身份盛装登场，吸引了众多的眼球，可谓实至名归，大放异彩。而那件曾盖过莲花碗风头的越窑青瓷褐彩罐，由于杭州吴越国王陵陆续出土了更为精美的褐彩秘色瓷而黯然失色，并逐渐淡出了人们的视野（图十）。

补记：有网友说秘色瓷莲花碗是个香炉，这是不对的，因为那时候的香都是放在香薰里燃烧生烟的，瓷质器皿很容易爆裂。线香的出现，据扬之水研究在元代甚至晚到明代。此器原来烧制时，底圈除釉不净，或托盘表面流釉的缘故，导致盖和托部分粘连。粘连在一起，直到天宫打开，夹取时才断开。这一点说明，这个器物烧成后从未使用过。因此，极有可能是专制的供奉茶具，而直接被放入虎丘塔。这

1. 故宫秘色重光展

2. 故宫秘色重光展：莲花碗

3. 临安越窑秘色瓷褐彩油灯

4. 临安越窑秘色瓷褐彩云纹盖罂

5. 临安越窑秘色瓷褐彩香炉

图十

个意外的分离，让我们看到了托盘表面的项记二字。当然，随着后司岙项字款的陆续出现，让我们进一步确定了它秘色瓷的尊贵身份。

（原发表为程义：《秘色瓷莲花碗的前世今生》，《文物天地》2019 年 11 期）

从出土文物看"茶"字的演化

　　2014 年 4 月，正是新茶上市的时节，苏州博物馆和镇江博物馆联合举办了一个以茶具为主题的展览，茶的起源和"茶"字的起源自然是重点介绍的问题。同仁们在介绍"茶"字起源时提出"茶"在西汉时已经出现，东汉时已明确有"茶"字，但是传统的观点认为："茶，说文无之"，即"茶"这个字在东汉成书的《说文解字》里没有。那么，西汉已有"茶"字的证据是什么？如果此说不确，"茶"字究竟是什么时候出现的？为此，我对相关出土文物和文献进行了梳理，提出一点自己的看法，并以此求教于博雅君子。

　　首先考察与茶有关的文物。我检索了所见的纸质文献，未有收获，最终借助网络发现认为西汉已有"茶"字的证据是长沙出土的一方印章，甚至有人指明是长沙马王堆四号墓出土。通过查找文献和考古资料，我认为持西汉即有"茶"字观点的诸家所引之印应该就是"荼陵"滑石印。周世荣先生在《长沙出土西汉滑石印研究》一文中对此有专门介绍：该印鼻钮，印面长 2.6，宽 1.8 厘米，年代在文景之际。后收入周晓陆师所编《二十世纪出土玺印集成》，编号三—GY - 0033，湘 049。据图版印文显然为"荼陵"，和《汉书·地理志》完全一致，可见西汉印章中已有"茶"字的观点属于误传。

　　那么，西汉说既是误解，东汉说确实吗？有出土文物为证——湖州博物馆藏东汉晚期茶字青瓷罍。据《起于累土：土台、土墩、土冢》介绍，这件罍出土于一座东汉土墩墓，编号湖州窑墩头 M1：1。器身布满菱形几何印纹，肩部四系，溜肩，近底部露出紫红色的胎。最为关键的是，肩部划写有一大大的"茶"字。如果由这件器物来看，"茶"字的字形在东汉晚期民间就已经有了，距许慎所处的时代相去不远。也许是过分相信前人对"茶"字的考证，有人竟然把这个罐子上的字直接释为"茶"，真有些尽信书的味道（图一）。

虽然"茶"字在东汉民间就已出现，但在其后出土的饮茶器物中仍然多用"荼"字代"茶"字。魏晋南北朝时期，饮茶风气在南方已经很盛，但未见关于"茶"字的文物出土。唐代是饮茶大盛的时期，茶具产量很大，故而出土的相关文物也较多，尤以长沙窑产品为多。如 1953 年长沙蓝岸嘴窑窑址出土一件玉璧底青

图一　湖州茶字罍

图二　茶盏子

图三　大茶合

釉褐斑茶碗，碗底里侧碗心有褐绿彩书"茶埦"，即茶碗（周世荣《金石瓷币考古论丛》130 页图十二）；同样是长沙窑产品，1998 年印尼黑石号沉船上也发现一件青釉褐绿彩茶碗，在其碗心用褐彩书"茶盏子"，显然就是"茶盏子"的异写（图二）。黑石号因出土有"宝历二年（826）"铭文瓷器，故其沉没时代被断定为九世纪上半叶。长沙华凌石渚博物馆藏有铭文的盒盖一只，装饰有四圈凸起的同心圆弦纹，上用软笔书写釉下绿彩"大茶合"三个字。因此器的"茶"写作似"荼"，但草头下多一横，故有人释作"荼"，不确，就字形来看还是"茶"字（图三）。另外熊英女士珍藏的长沙窑"张家茶坊三文"茶瓶也写成这个"茶"（图四）。著名的长沙窑镇国茶瓶之"茶"一般释作现在常见的茶字，但细审图版，似乎还是在茶字的木部上有一短横，即"茶"字。长沙窑另有一件岳麓寺茶碗，据周

图四　张家茶坊局部

95

世荣先生《从唐诗中的饮茶用器看长沙窑出土的茶具》一文介绍"圆形敞口碗圆唇外侈，腹斜收，玉璧底，碗心折平，底粉上书'岳麓寺茶埦'五字。通体施草黄色薄釉，底沿将釉抹去，墨书'张惜永充供养'六字"。有研究者据此报道，按照"茶"字的形态演化进一步发挥，认为这件碗的年代比蓝岸嘴茶碗年代要晚。时代分早晚是可能的，但是细审图版，岳麓寺这件茶碗的"茶"字只是"荼"字的异体字，写为"荼"字之草头下多一横（周世荣《金石瓷币考古论丛》135页图一）。在黑石号茶盏子里，也可以看到这一横。就目前所见，长沙窑诸器上的"茶"字均写作"荼"。

唐都长安也出土过几件和"茶"字有关的文物：其一，西明寺石茶碾，茶字仍然写作"荼"字（《考古》1990年第1期，53页图九）。西明寺是长安著名的寺庙，初唐始建，一直延续到晚唐，是武宗灭佛时得到保留的寺庙之一。其二，长安平康坊出土大中十四年鎏金茶托子，其铭文之"茶"也写作和岳麓寺茶碗一样的"荼"（《考古》1959年第12期，680页图一）；其三，法门寺地宫出土茶具及物帐碑。法门寺出土咸通十年带铭文的茶碾和茶罗各一件，其上铭文之"茶"字也写作"荼"字（图五），但物帐碑中用到三次"茶"字却没有写作"荼"字（图六）。西安大和三年王明哲墓也曾出土过一件"老导家茶社瓶"，但目前尚未有图像资料，无法判断茶字的具体写法。可见，以"荼"代"茶"的习惯，持续时间很久，甚至在一件北宋初开宝三年的敦煌文书中也写作"荼"（图七）。

图五　法门寺茶罗

1.物帐碑局部 2.物帐碑茶字

图六　　　　　　　　　　　　图七　茶酒论写本

　　此外，学者们还注意到在唐代石刻中"茶"字书写的变化。顾炎武在《唐韵正》中提到"愚游泰山岱岳，观览后碑题名，见大历十四年（779年）刻茶药字，贞元十四年（798年）刻茶宴字，皆作荼……至会昌元年（841年）柳公权书《玄秘塔碑铭》，大中九年（855年）裴休书《圭峰禅师碑》茶毗字，仅减此一划，则此字变于中唐以下也"。现代茶学家也都注意到这一现象，并认为茶字的流行和陆羽《茶经》的问世有密切关系。

　　其次，再来考证相关的文献资料。茶圣陆羽在我国第一部茶学著作《茶经》中说：其茶字，或从草，或从木，或草木并。从草，当作茶，其字出《开元文字音义》。从木，当作搽，其字出《本草》。草木并，作荼，其字出《尔雅》。陆羽还列出了茶的五种旧称，一曰茶、二曰槚、三曰蔎、四曰茗、五曰荈。其实陆羽对

《尔雅》略有误解。在《尔雅》的时代，从草之荼，并不是茶的代称，因为《尔雅·释木》云："槚，苦荼。"晋郭璞注曰："树小似栀子，冬生，叶可煮作羹饮。"陆羽《茶经》云："其树如瓜芦，叶如栀子，花如白蔷薇，实如栟榈，蒂如丁香，根如胡桃。"可见《尔雅》里的"槚"就是《茶经》里的"茶"。在"茶"字出现以前对茶这一事物指称的词比较多，但最常用的无疑是"荼"。而"茶"这个后起字最早出现在《开元文字音义》中，是由"荼"字省写一笔得来，即"茶"是"荼"的字源。尽管《开元文字音义》收有"茶"字，但在正式场合仍用槚或荼来指代茶叶。陆德明《经典释文》云：槚，埤苍作。初加切，直加切。埤苍乃三国魏张揖所著的文字训诂书。初唐苏恭等撰《唐本草》和盛唐陈藏器撰《本草拾遗》都用槚而未用茶。这个从木的槚字显然是为了和从草之荼区分开来而创造的新字，但似乎流传未广。朱自振先生《关于茶字出于中唐的匡正》一文指出关于"荼""茶"的演变，南宋初年王观国在《学林》中就做了系统研究，提到《广韵》曰"荼，宅加切，苦荼也；亦作槚，俗作茶。"《广韵》作者为陆广微，所收集的素材当在陈隋之际，也就是说"茶"字在此以前已经出现。顾炎武综合诸家成果，在《唐韵正》卷四说：荼，宅加切，古音涂。按荼莽之荼与荼苦之荼，本是一字，古时未分麻韵，荼莽字亦只读为徒。汉魏以下乃音宅加反，而加字音居何反，犹在歌戈韵。梁以下始有今音。

最后，本文尝试提出如下结论。按照文字学家和考据学家的意见，"荼"字旧读 tu，汉魏以后读作 cha，作为俗字的"茶"在隋代已经收入字书，开元时期正式定型，陆羽以后流行开来。明显可见出土文物和字书的记载不太吻合。除了东汉湖州青瓷罍外，一直到唐代晚期法门寺地宫出土茶具都写作"荼"。在德宗时期的长兴大唐贡茶院刻石中仍写作"荼"，可是唐代中晚期，石刻文献中的"茶"字均已写作现在通行的形态。这种矛盾正是我国文字形成特点的一种表现：通常先有名和音，民间先用现成的字代替，再经过长期的使用，最后产生新的字形。新字形出现后，首先在知识阶层使用，最后又被民间认可。"茶"字的出现正好验证了这样的演变过程。首先，出现了茶这一事物，因其苦味和"荼"接近，人们就以"荼"暂时指代，考虑到菜茶为草本，茶茶为木本，人们使用了诸如"檟""榟"之类从木的字来表示"茶"，但在民间都没有"荼"使用广泛。有时为了区别二者，也将茶称之为"真茶""苦茶"。唐代饮茶风行，现在通行的"茶"字开始进入字书，陆羽《茶经》的出现推动了茶文化的发展，知识阶层对"荼"字和"茶"字的区分逐渐严密起来，但民间依然使用"荼"字，所以五代的文字学家徐铉在校订《说文解字》时说：荼，苦茶也，从艸，余声。同都切，臣铉等曰：此即今之茶字。至于湖州"茶"字罍，目前还是个孤例，与其承认是"茶"字，还不如暂定为"荼"字的简写较为合理。

补记：湖州博物馆藏三国—晋的茶字青瓷罐上的"茶"字被认为是最早的茶字，该器被列为湖州博物馆镇馆之宝，但是这个字却是有问题的，过去我们以为可能是书手误写所致，最近我又获得该器的局部高清照片，得以仔细观察此字的上部两个短横。左侧短横因为釉层的缘故，无法观察，但右上角的短横明显有一竖笔（图一），也就是说，这个字的上部写作繁体草头，中间是断开的。如果按照原来的说法是茶字，那么那一长横就是草头的横画，这样一来就和现在的简体草头写法一致，这显然有些激进，因为隶书的草头都写作两个小十字，中间是断开的。这只是我们根据图版做的判断，还希望湖州博物馆同人利用显微拍照技术，将右上角红圈部位拍个细部照片，以验证我们的研究。尽管这个字可能不是茶字，但它依然是考古出土较早的茶叶存储器之一。我制作了两个摹本，摹本 A 是根据旧的理解做的，摹本 B 是根据新照片做的。如果按照摹本

图一　茶字细部

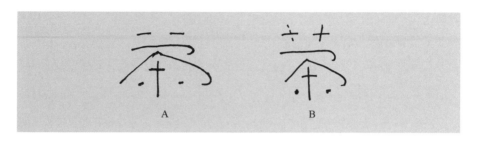

图二　茶字的摹本

A，这个字显得非常怪异，只有 B 才是符合逻辑的写法（图二）。因此，这个字只能"茶"的异写，而不可能是茶字。

（原发表为程义：《从出土文物谈"茶"字的演化》，《中国文物报》2014 年 8 月 15 日）

竹石辉映

苏州博物馆藏元王蒙《竹石图轴》臆说

王蒙的画竹艺术

苏州黑松林出土孙吴石屏风画臆释

潘祖荫之赐兰堂及其印章

苏州博物馆藏元王蒙《竹石图轴》臆说

2011 年 11 月，苏州博物馆利用国内各家博物馆珍藏成功举办了以《元七君子图》为主题的"历代文人墨竹特展"。这次文人墨竹的盛会上汇集了文同、苏轼、赵孟頫父子、柯九思、吴镇、王蒙、李衎、夏昶以及清代诸贤的精品五十余件，堪称国内墨竹画作的一次大聚会。这次盛会让我们见到了许多过去只能在画册中才能看到的绝作，不仅让我们的视觉接受了一次洗礼，也让我们对历代文人画竹的成就有了重新认识的图像基础。在这里我不想赘述大家耳熟能详的名作如文同墨竹图或者是梅道人吴镇墨竹，此次展览使我们发现：即便是那些以山水见长的画家，偶尔戏做的竹画也能让我们叹为观止，且记忆犹新。本文拟就敝馆所藏元四家之一王蒙的书画合璧《竹石图轴》说起，兼及元四家与元代绘画。

这幅《竹石图轴》混杂在那些长卷巨幛中，其实并不起眼，若非仔细探寻，它的命运也许会像往常一样默默无闻。此画亦称《黄鹤山樵竹石游灵岩诗轴》，通高77.2 厘米，宽 27 厘米，纸本墨笔。左上方数枝墨竹飒飒斜出，萧散淡泊。下方点缀大小拳石数块，披麻皴，点苔，复染淡墨，拳石浑厚湿润。而画幅中间大片空白处，楷书题七言绝句四首。其一："太湖秋霁画图开，天尽烟帆片片来。见说西施归去后，捧心还上越王台。"其二："西施绝代不可招，独倚危阑吹洞箫。七十二峰烟浪里，不知何处是夫椒。"其三："夫椒山与洞庭连，半没苍波半入烟。堪信鸱夷载西子，馆娃宫在五湖边。"其四："云拥空山万木秋，故宫何在水东流。高台不称西施意，却向烟波弄钓舟。"诗后题署："至正甲辰九月五日（1364 年），余适游灵岩归，德机忽持此纸命画竹，遂写近作四绝于上，黄鹤山人王蒙书。"（图一）

此画是一件流传有序的作品。据画作原题可知，这件作品是王蒙应德机之邀所做。据画幅上的印章，德机姓张。张德机何人？德机姓张名纬，字德机，号艇斋，元代收藏家，江苏金坛人，以行书闻名于世。此方印章还出现于赵孟頫行书《秋兴八首》卷（上海博物馆藏），倪云林所撰《清闷阁全集》亦有诗文著录，可知此人交往甚广，闻达于东南士人之中。现藏南京博物院的倪云林《丛篁古木图》题识中提及倪在作该图时，亦有德机在场，亦证他与倪云林交情甚笃。张德机之兄张经，字德常，初为吴县丞，后经县尹、嘉定州事，于至正壬寅（1362 年）调任松江府判官。张德常为张氏政权的地方父母官，可推知兄弟二人早已入张士诚门下，并与当时吴中诗人郑元祐、陈秀民、倪瓒、李孝光、成廷珪、高启等咸有交往。钱谦益《国初群雄事略》载杨基《送张府判诗序》称赞张德常之能，华美之词溢于言表。明王鏊《姑苏志》卷四十一："张经，字德常，金坛人。博学通才，为一时之望。初任吴县丞，至正丙申，行省以牧字者罕良，遴选而更张之。自经等，令、丞、簿、尉同日命十一人，盛赐遣之。经在任三年，以政最升知县事，仁恕公廉，教化平易，折狱明慎，时扰攘之余，继以凶疫，民死者半，经焦劳全活，百姓感怀，省又陈荐擢嘉定州同知。"

元四家既以隐逸著称，王蒙自号黄鹤山樵，为何却和张士诚的部下过往甚密？诚如美国学者高居翰所云"不过就一个隐士樵夫，他的交游似乎广阔了些"。[1] 1360 年王蒙走访了苏州，此后的一段时间他一直在苏州活动，并且参加了多次文人聚会。据美国学者文以诚考证，王蒙似乎在 1360 年代和姑苏张氏政权有着紧密的联系，甚至效忠于张氏政权，不过他在吴地的处境可能比较窘迫，因为他在苏期间的诗文多次使用了有关西施、夫差、范蠡等人的典故。[2] 除了这幅书画以

---

[1] 高居翰：《王蒙的绘画艺术》，《朵云》65 集，上海书画出版社，2006 年，第 17 页。

[2] 文以诚：《王蒙〈青卞隐居图〉中的个人家境与文化类型》，《朵云》65 集，上海书画出版社，2006 年，第 123 页。

太湖秋霽畫圖開天畫烟帆片二來見說西施歸
去後捧心還上盛王墓　西施絕代不堪拈獨倚
危闌吹洞簫七十二峰烟浪裏不知何處是夫樹
夫樹山與洞庭連牢沒舊波羊入烟墟倍鵝兎戴
西子嬪娃宮在五湖邊雲擁空山萬木秋故宮何
在水東流高臺不稱西施道郤向烟波弄釣舟
畫竹遠　鷗遠作　四絕於上黃鶴山人王蒙書
至正甲辰九月五日全適游霅廛嚴歸　應槭思持派瓶命

图一　竹石图

外，还有另一幅王蒙完成于 1364 年的《竹石流泉图》也和他参与过政治活动有关。《竹石流泉图》是应明末清初的谋略家、道士席应珍（1302－1381 年）而作。此外在杨基的《黄鹤僧歌——赠王录事》诗和陈基的文集序中则称王长史。如此看来，王蒙和张德机兄弟的关系实际就是同事关系，至少他们之间有共同的政治取向。也许确如单国霖所言：尽管现在尚不能确定王蒙究竟是在元朝政府还是在张士诚幕下任职，但他曾一度跻身官场的形迹是无可置疑的。[1]鉴于张王之间的关系，这幅画依然可归于朋辈之间的馈赠之作，所以作者并没有受到索画人的严格限制，在画完索画人要求的墨竹后，兴致高昂地写下了他刚刚创作出的四首记游诗。

有明一代，此画湮没无闻，未见于公私著录。根据画作上的钤印和相关文献，我们可以略知其流传。右下角"渐江僧"白文印是明代四僧之一渐江（1610－1664 年）自用印。渐江俗姓江，名韬、舫，字六奇、鸥盟，为僧后名弘仁，自号渐江学人、渐江僧，又号无智、梅花古衲，歙县人，是新安画派的开创大师，和查士标、孙逸、汪之瑞并称为"海阳四家"。他兼工诗书，爱写梅竹，但一生主要以山水名重于时，是"新安画派"的领袖。渐江一生游历大江南北，以自然为师，博采众长，尤以元四家中的倪瓒为最。渐江画风简约，极具倪瓒疏简之遗风，但未见有仿倪瓒的好友王蒙之作。可能是王蒙的画风历来以绵密繁茂取胜，和渐江的风格相去甚远之故。此画作于 1364 年，其上的"渐江僧"白文印表明约 300 年后渐江接触过此画，但这是一个观赏后留下的印记，还是确为其藏弄过，我们就不得而知了。

画面的左侧有四方印记，有利于廓清此画的后半段旅程。左上方"谨亭秘玩"朱文长方印和"陆恭私印"白文印，是苏州吴县人陆恭的鉴藏印。陆恭（1741－1818 年），字孟庄，号谨庭，乾隆举人。读书嗜古，精鉴赏，喜碑版收藏，多收藏古帖名画，点染花卉，笔意古雅。本馆藏《七君子图》吴镇画作上也有陆氏"陆谨亭氏审定真迹"之印。左下方："霞壁黄瑞家藏"白文长方印是晚清台州学人黄瑞鉴藏印。此印不见于《明清藏书家印鉴》和《中国书画名人大辞典》，但在历代诗文中多

---

[1] 单国霖：《元四家画集·序》，天津人民美术出版社，1994 年，第 11 页。

有关于台州山壁如霞的描述，如《林外野言——天台行送友人》就有"吾闻天台山一万八千丈，赤霞壁立百雉城"之句。台州即因天台山而得名。现代地质学也表明台州多珊瑚岩，柱状节理，因此，霞壁应是台州之别称。黄瑞（1837－1889年）是晚清浙江临海学者、藏书家、书画收藏家，字玉润，号子珍，又号兰叔，临海（今临海市）人，科举未果即专注于地方志的修撰。"秋籁阁"是他的藏书楼，又有"爱日草堂"，亦称"溪南书藏"，聚书数千册，多供他自己研读、著述之用。黄瑞著作等身，一生著述总计80余种，以地方文献专家而扬名台州。左下方"顾子山密箧印"则是苏州过云楼主人顾文彬的收藏印。顾文彬（1811－1889年），字蔚如，号子山，晚号艮盦，苏州元和人，过云楼第一代主人，精鉴藏，善绘画。

此外缪曰藻《寓意录》著录"右图张见阳所藏，竹石之妙不待言，楷法亦清劲绝俗"（图二）。《寓意录》作于雍正十年（1732年），据其自序"后官京师，获于朝中士大夫游，有稔知余好者，每至春秋佳日，幽窗棐几茗椀炉香，争出所藏以相娱

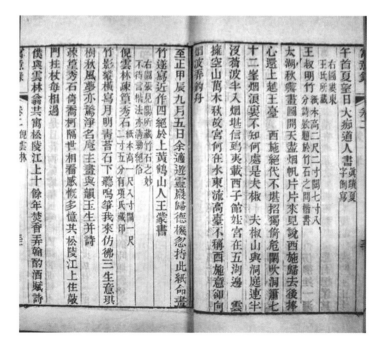

图二 《寓意录》书影

乐……于是抄其诗文，详其款识，积久成帙，名之曰寓意录"。如缪氏所言，这幅画原藏于张建阳处。张建阳，即清初著名的收藏家张纯修。张纯修，字子安，号见阳，又号敬斋，生卒不详。祖籍河北丰润，出生奉天辽阳，隶满洲正白旗，为内务府包衣。后以进士第授江华县令，官至庐州知府。近年在北京丰台太子峪发现的《皇清诰授中宪大夫江南庐州府知府加五级见阳张公墓志铭》称："君以佳公子束发嗜学，博览坟典。为诗卓荦有奇，旁及书法绘事，往往追踪古人。……君生于顺治四年（1647年）丁亥五月十一日辰时，卒于康熙四十五年丙戌（1706年）七月初九日巳时，享年六十。"张纯修的书画收藏多为精品，如北京故宫博物院收藏元画家黄公望绘《丹崖玉树图》、上海博物馆藏明沈周绘《西山纪游图卷》等画作上均钤有"张见阳""子安珍藏印""见阳图书"诸印，我馆藏《元七君子图》上也有其鉴藏印。遗憾的是此轴上未有其印记，也许为重装时割去？此画左侧部分被割的推测并非空穴来风，细心的读者如果仔细观察王蒙为席应珍所做之《竹石流泉图》，个中异同自可一目了然。

　　如上所述，此画在元末到清初这段时间为谁所有，目前还没有文献可证，也许还在张德机后人之手。康雍时期即转归河北张纯修（1647-1706年），张纯修之后可能归吴县陆恭（1741-1818年）所有。太平天国时期，因苏州遭到战乱的破坏，各家藏品散出，也许此画辗转为台州黄瑞（1837-1889年）所有。至于此幅何时入藏过云楼，《过云楼书画记》未作交代。愚意以为顾文彬得到此画的时间应该是在其任职于宁绍道时期，即同治九年（1870年）起复任浙东宁绍道台至光绪元年（1875年）因病退隐这五年间。这五年是顾文彬、顾承父子大力收集字画的时期，其收藏的重心以江浙藏家散出品为主，台州即宁绍道辖区，黄氏藏品被收入囊中也是情理之中。顾氏收藏后即加盖"顾子山密箧印"和"神品"印。顾文彬在其所著《过云楼书画记》中郑重地著录此铭心绝品："墨竹数竿，不缀坡石，上楷书游灵岩四绝句，寓意录已著录。吾吴诸山，唯灵岩去城最近，买舟出胥江，不三十里，已至木渎肩舁山上，所谓馆娃宫、响屧廊、西施洞诸胜，皆得恣吾幽讨。往与里门诸子修梦窗呼酒琴台故事，倚醉喝月，凭高踏云，殊觉兴复不浅。惜无叔明笔仗寄情，写十万金错刀，酬我山灵耳。偶忆及此，乡梦随盈盈烟水，已落圆照塔前矣。"[1] 顾文彬去世后书画归顾承之子顾鹤逸（麟士）所有,鹤逸去世后书画分为四份,此画归第五房顾公硕所有。1960 年苏州博物馆成立, 顾公硕先生任副馆长。他以身作则, 在动员他人捐献文物之时, 亲为表率, 陆续向苏州市政府捐献了 124 件文物,其中就包括这件《竹石图轴》。

此轴转入公藏后, 逐渐进入人们的视野, 图版陆续被收入《中国美术全集 6·元代绘画》(文物出版社, 1982 年)、《元四家画集》(天津人民美术出版社, 1994 年)、《中国古代书画图目 6》(文物出版社, 1998 年)、《中国绘画全集 9·元 3》(文物出版社, 1999 年)、《苏州博物馆藏历代墨竹图精选集》(文物出版社, 2011 年) 等大型图录。

此画的内容正如李凯先生所言：图绘丛竹和坡石, 竹子枝叶疏淡, 坡石皴笔短促而苍劲, 疏竹布于左上方, 坡石居下, 中间以楷书题诗相联。[2] 据王蒙自题 "余适游灵岩归, 德机忽持此纸命画竹, 遂写近作四绝于上", 似乎画家并未理会求画人的要求专画竹子, 而是按照自己的兴致, 信笔涂抹, 把更多的笔墨反而放在了题诗上。诚如我馆陶启匀先生所言[3]：诗书在画面中占据了显著的地位, 它们已经不是画面的点缀, 而是画面不可分割的一部分。此画的构图虽然独具一格, 但也并非无迹可寻, 并不是陶先生所谓史无前例。众所周知, 诗书画印是中国画的基本元素, 但这种构图风格的形成是一个历史的过程。宋代画家很少有题画诗, 至多留下姓名和画题。到了元代, 尤其经过赵孟頫的大力提倡, 书画才很好地结合起来。至于以画墨梅著称的王冕和以画墨竹著称的元四家中稍早的吴镇, 则已是无画不题。到王蒙的时代, 这一模式又有了新的进展, 尤其是王蒙的好友倪瓒等人的题画诗不仅千奇百怪, 而且题诗日渐脱离画面的内容, 变成了单纯的构图元素。这种构图模式在高克恭、赵孟頫的画作中已现端倪, 后经元代画家的发扬光大, 在吴镇、倪瓒的画中已比比皆是, 如倪瓒《梧竹秀石图》《从篁枯木图》等。王蒙本人 1364 年为

---

[1] 顾文彬、顾承：《过云楼书画记》画类 2, 江苏古籍出版社, 1999 年, 第 68 页。
[2]《中国绘画全集·元代绘画》, 图一、王蒙竹石图轴, 李凯解说。
[3]《中国美术全集·元代绘画》, 图一二三, 王蒙竹石图轴, 陶启匀解说。

席应珍所做的《竹石流泉图轴》上也有同样的构图和元素（图三）。《竹石流泉图轴》的主要元素也是坡石、竹丛。我们有理由相信，这两幅画作来自同一构思或同一原型。以苏州博物馆藏本和台北故宫藏本相比较，二者的差异只在于画面右侧有无竹竿。苏州博物馆藏本的右侧没有竹竿部分和底部的小竹，其余部分比如从右向

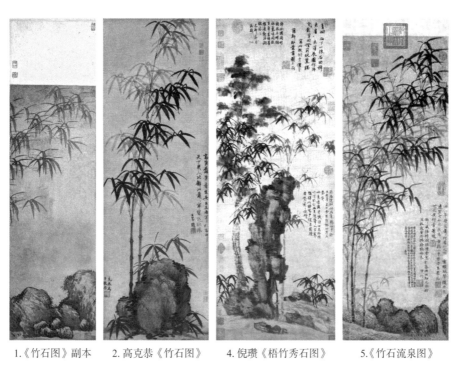

1.《竹石图》副本　　2. 高克恭《竹石图》　　4. 倪瓒《梧竹秀石图》　　5.《竹石流泉图》

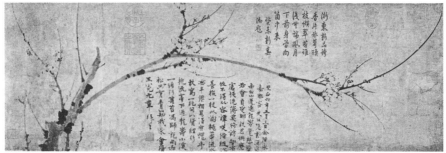

3. 王冕《墨梅图》

图三

左弯曲的竹子、画面底部的坡石都如出一辙，二者的总体布局也如出一辙。我们可以设想，画家如果画直立的竹子，势必造成正中出杆的构图，容易使画面陷入左右平衡，从而失去灵动；如果画家选择从左右两下角出杆，再向相反方向倾斜，则画面鲜活而有动感。不过，这样的布局难免带来中部空虚的问题。画家通过题诗很好地解决了这个难题。如在吴镇和倪瓒的画作中，画家用长方形的题诗来填补了画作中部的空白。王蒙这两幅墨竹应是受到同时代画家，尤其可能是倪瓒的启发，进行的构图。如此一来，整个画面形成以竹子"S"布局，再加下部沉着的坡石，在右侧下部和右侧顶部形成小块空白区域。当这种图式形成定式之后，这个部位的题诗就成了画作的必须部分，如果缺乏，画面的观感就会完全不同。为此我们做了有趣的实验，读者请看图三，1。我们利用电脑技术，去掉了画中的题诗，这时，任何一个观者，无论其有无鉴赏力和理解力，可能都会感觉到画面杂乱无章、空乏无力。这就是经典图式的魅力，也是经典之所以长盛不衰的秘诀所在。

元四家以山水画闻名于世，不过吴镇、倪瓒两家存世的墨竹画作亦复不少，但另外两家，即黄公望、王蒙在人们心目中绝少有当时最为流行的花鸟题材——墨竹传世。诚然，目前为止，未有发现黄公望的墨竹画作。但幸赖此幅《竹石图轴》，我们才对王蒙绘画的技法和画科有了更全面的认识。也许因为王蒙的山水成就太高，以致掩盖了他在其他方面的成就，目前并未有学者认真的考察过王氏在墨竹方面的成就，就是明证。就现有资料而言，王蒙以竹为主题的画作尚有：早期《霜柯竹石图轴》、[1] 早期《溪山风雨图》册页之第二开、[2] 1361 年《竹树图轴》、[3] 1364 年《为席应珍做竹石流泉图轴》、[4]《修竹远山图轴》[5]（图四）。另据傅申论文

［1］ 此画藏于南京博物院，参见刘如仲：《工蒙霜柯竹石图》，《收藏家》2005 年第 6 期。据刘氏研究此画作于王蒙 20 岁左右，1628 年以前。
［2］ 北京故宫博物院藏，《元四家画集》，第 120 页，董其昌观款，清方浚颐《梦园书画录》著录。《故宫博物院藏文物珍品大系·元代绘画》定为早期作品。
［3］ 徐邦达：《改订历代流传绘画编年表》，清方浚颐《梦园书画录》著录。
［4］ 现藏于台北故宫博物院，著录于《石渠宝笈初编（御书房）》下册，第 1109 页；《故宫书画录》（卷八）第四册，第 68 页；《故宫书画图录》第五册，第 19-20 页。
［5］ 此画曾经张大千、王季迁递藏，后入藏瑞典东方博物馆，参见傅申：《张大千与王蒙》，《朵云》65 集，第 261-262 页，有王石谷、奚冈临本。

1. 霜柯竹石图轴　　　　3. 修竹远山图轴

2. 溪山风雨图

图四

载，张大千自称尚藏有一幅王蒙《竹院访友图》，但现已不知下落。目前号称王蒙的画作存世百余件，但其中多为伪作。[1] Osvald Sirene 在《中国绘画》中虽列举了 69 件作品，但只接纳其中 13 件为真迹；周积寅在《中国画目大典》收录 109 件，其中可信之作也不过 20 件；徐邦达《改订历代流传绘画编年表》收录 60 余件，但只有标为星号者目验过。一代宗师的技法当然很全面，但因其超绝的山水画而使其墨竹画名湮没无闻。如果仅以目前收集到的王蒙墨竹画作之数量在全部作品中的比例来看，其墨竹画也应占有一席之地，对此笔者拟另文讨论。

（原发表为程义：《苏州博物馆藏元代王蒙〈竹石图轴〉》，《收藏》2012 年第 17 期；另见《苏州博物馆藏元王蒙〈竹石图轴〉臆说》，《东方早报·艺术评论专刊》2014 年 9 月 24 日）

---

[1] 辛骅：《20 世纪以来王蒙研究综述》，《朵云》第 65 集，第 91 页。

王蒙的画竹艺术

很多年前，为了研究苏州博物馆藏王蒙《竹石图》，对王蒙的同一题材的画作做了一些收集和整理，最终考证出苏博《竹石图》只是一个左侧被裁残本，而不是所谓的新颖构图。目前号称王蒙的画作存世百余件，但其中多为伪作。[1]Osvald Sirene 在《中国绘画》中虽列举了 69 件作品，但只接纳其中 13 件为真迹；周积寅在《中国画目大典》收录 109 件，其中可信之作也不过 20 件；徐邦达《改订历代流传绘画编年表》中收录 60 余件，但只有标为星号者目验过。王蒙被明代释莲儒列为元四家以来，大家一般将其目为山水画大师，古今学者对其研究也集中在他的山水画方面，最负盛名的画谱《芥子园画传》诸升《兰竹谱序》"宋元以来，文湖州、苏眉山、赵孟坚、赵孟頫、仲穆、管仲姬、吴仲圭、柯九思、倪云林皆善写墨竹"。显然，明清以来，人们并不看中王蒙的绘竹技艺。现代学人偶有研究元代墨竹的论文，涉及到王蒙者也仅列苏博《竹石图》一幅为例，自然也无法深入探讨其绘竹技艺。[2]一代宗师的技法当然很全面，但因其超绝的山水画而使其墨竹画名湮没无闻。就现有资料而言，王蒙以竹为主题的画作尚有《霜柯竹石图轴》、[3]《溪山

---

［1］ 辛骅：《20 世纪以来王蒙研究综述》，《朵云》第 65 集，第 91 页。

［2］ 潘攀：《人间俗气一点无，千枝万叶总是情——浅析元代墨竹绘画艺术》，《艺术理论》2009 年第 9 期；邵琦：《山水之外别有竹——漫议吴镇、倪瓒、王蒙笔下的竹图》，《荣宝斋》2009 年第 4 期。

［3］ 此画藏于南京博物院，参见刘如仲：《王蒙霜柯竹石图》，《收藏家》2005 年第 6 期。据刘氏研究此画作于王蒙 20 岁左右，1628 年以前，恐误，详后文。

风雨图》册页之第二开、[1] 1361年《竹树图轴》,[2] 1364年《为席应珍做竹石流泉图轴》,[3]《修竹远山图轴》。[4] 另据傅申论文载,张大千自称尚藏有一幅王蒙《竹院访友图》,但现已不知下落。见于明郁逢庆《郁氏书画题跋记》的《竹趣图》以及著录于《石渠宝笈续编》(编号3252)的《竹树图》也下落不明。在如倪瓒《清闷阁集》等文献里,也有关于王蒙竹石图、墨竹图的记载,[5] 可惜这些作品都已经难以见到了。存世五六幅作品,在画史上算不得什么,但按比例计,却占其存世画作超过十分之一强,甚至更高的比例,这已是不可忽略的事实,窃以为墨竹画也应在其画艺乃至元代花鸟画史中占有一席之地。为此,笔者对此略做勾稽,以作抛砖引玉之用。

一、王蒙的生平

王蒙,字叔明,号黄鹤山樵,浙江吴兴人(今湖州)。父亲王国器,字德琏,别号筠庵,生于至元间,大德间娶赵孟頫第四女。长于文墨,喜收藏碑帖字画。王蒙生年一说大德五年(1301年),一说至大初年(1308年)。青年时期可能因为赵孟頫的关系,得到过功名,据说在元末至正至元间曾经做过江浙行省下属"理问"一职,后受倪瓒影响而辞官归隐。在归隐期间,往来于苏州松江吴兴一带,和黄公望、吴镇、倪瓒等画家来往密切,是昆山顾仲英玉山草堂常客。和当时文坛高士如

[1] 北京故宫博物院藏,《元四家画集》,第120页,董其昌观款,清方浚颐《梦园书画录》著录。《故宫博物院藏文物珍品大系·元代绘画》定为早期作品。
[2] 徐邦达:《改订历代流传绘画编年表》,清方浚颐《梦园书画录》著录,人民美术出版社,1994年,第51页。
[3] 现藏于台北故宫博物院,著录于《石渠宝笈初编(御书房)》下册,第1109页;《故宫书画录》(卷八)第四册,台北故宫博物院,1956年,第68页;《故宫书画图录》第五册,台北故宫博物院,2004年,第19-20页。
[4] 此画曾经张大千、王季迁递藏,后入藏瑞典东方博物馆,参见傅申:《张大千与王蒙》,《朵云》第65集,第261-262页,有王石谷、奚冈临本。
[5] 陈高华:《元代画家史料(增补本)·王蒙》,中国书店,2015年,第501-515页。

杨维桢、赵廷采、陈征、郑元佑等诗酒唱和，并与部分官员保持联系。至正末年，受张士诚兄弟邀请，出任长史、录事之职，成为张氏割据政权的谋士。明朝建立之后，王蒙以花甲之年出任山东泰安知府，洪武十三年胡惟庸案发，王蒙因曾入胡府观画而受到牵连下狱，洪武十八年卒于狱中。

二、元代的画竹艺术

元代在中国古代绘画发展史上是一个非常重要的时期，重笔墨情趣，着重体现诗、书、画的进一步结合的文人画兴起，是中国画又一次创造性的发展。以竹石为题材的绘画作品和专擅表现竹石题材的画家大量涌现，是元代绘画的一大特色。近人郑午昌先生在其所著《中国画学全史》一书中记述云："元代四君子画，尤以墨竹为最盛。能作此类之画家，其泯灭不可考者不可知，以其可考者而言，其数实占元代画家三分之二。"[1]元代夏文彦编撰的《图绘宝鉴》一书中元代部分收入画家175人，其中明确记载擅长画竹者就达76人之多，几近总数的二分之一，可见擅长此类题材画家的人数之多。这些画家中，文人士大夫居多，而僧、道、女史亦为数不少。在这众多画家中，不乏像李衎、柯九思、顾安、谢庭芝、张逊这样的画竹之名家；亦有像高克恭、赵孟頫、吴镇、倪瓒这样以其他画科著名的画家。马季戈认为元代画竹已经完全形成了独立于其他画科的一种新形式。首先，它已经作为一种独立的构图形式被确认下来，竹子在画面上独立地表现出来。这种形式构成了中国画竹题材作品的基本形式，对明、清两代画竹之发展亦产生了很大影响。其次是以书法入画法，尤其在画竹中表现得最为突出。再次，元代画竹在技法上表现出多样化的特点。一般将设色双钩一类称为"画竹"，而将宗法文同、王澹游等人风格的墨竹画法，称之为"写竹"。另外，还有一种较为独特的表现方式——墨笔双钩竹。[2]

---

[1] 郑午昌：《中国画学全史》，上海古籍出版社，2011年，第260页。
[2] 马季戈：《元代画竹丛谈》，《故宫博物院院刊》1995年第2期。

三、王蒙的存世竹画

目前存世王蒙竹画除苏博藏《竹石图》外尚有以下几种，为便于讨论，现罗列如下：

1. 霜柯竹石图轴：《霜柯竹石图》，现藏南京博物院。水墨纸本立轴，高118、宽49厘米（图一）。原签题"王叔明霜柯竹石"。篆书"黄鹤山中人王蒙画"款，钤白文"王蒙印"。左上图有题跋二则，一为"海中铁网珊瑚树，石上银钩翡翠梢。乌夜乱啼江月落，檀栾飞影下窗坳"。"八十翁白珽题"，钤白文"湛渊"印；一为"高枝千云霄，劲节凌霜雪。巉然石一拳，期期补天缺"。"会稽杨维桢"钤朱文"会稽杨维桢印"。此作曾为庞莱臣收藏于"虚斋"，钤有朱文"庞莱臣珍藏宋元真迹"、"庞莱臣珍赏印"、白文"虚斋审定"及朱文"曙海楼珍藏书画之印"、白文"德超收藏书画真迹"、朱文"持斋念佛"等印。著录于《虚斋名画录》卷一。王蒙的《霜柯竹石图》构图简略，以浓墨绘

图一 《霜柯竹石图》

一湖石立平坡之上，周围布落着疏竹及丛草，石后以淡墨绘修竹梧桐。竹竿修长，竹叶下垂，浓淡相间。湖石上仅一棵梧桐树，秋霜覆寒，树叶大多脱落，仅剩下数片桐叶残留枝上。王蒙的《霜柯竹石图》除《虚斋名画录》著录外，其他地方均不见著录。刘如仲先生根据白珽及杨维桢的题跋及画风判断，这幅画应是王蒙早期的作品。白珽（1248－1328年），钱塘人，号湛渊，长于诗文，善书法，与王蒙同时代，甚为友好。他为《霜柯竹石图》题跋第二年即去逝，此幅画创作不应晚于这一年，这时王蒙约20岁。[1]该幅石头皴法已带有王蒙特色解索皴和牛毛皴雏形，苔点密集浓黑，树干多以类似解索皴的笔法勾画，树叶以淡墨抹出，竹竿以细笔迅速撇出，竹节部分有一横向浓笔，颇似吴镇，竹叶用笔轻快，墨色浅淡，偶有渴笔，结组自然舒朗。黄鹤山樵这个称呼只能是他34岁隐居黄鹤山之后的称呼，这样一来就和白珽的题跋发生了矛盾。进一步观察，他的竹石更接近倪瓒那种潇洒粗放简练的笔意，也不可能是早期作品。因此，我们怀疑这件作品的跋是后加的，庞欧则认为画也不真。我保守的认为，这幅画本身是王蒙作品，从构图看，应该是被割去了某侧部分，而失去了款识，后来庸手不明画理，添加了白、杨的伪跋。

2. 溪山风雨图第二开：《溪山风雨图册》，现藏北京故宫博物院，共10开，每开纵28.3、横40.5厘米（图二），纸本墨笔，最后一开自题"吴兴王蒙作溪山风雨图"，有董其昌观款，清方浚颐《梦园书画录》著录。本册十开均为山水小景，各开所用技法、构图方式及所绘景物不相同，既有米氏云山，又有怪石丛竹、枯木茅屋。山石多用披麻皴加解索皴，浓墨点苔，树木多用董巨二米法，亦有李郭笔意。中国古代书画鉴定组认为"第十开为王蒙作，其余九开为元人作，似非王蒙所作"，徐邦达认为"应为一人之作，可能王氏早笔"。康耀仁对此册做了进一步研究，认为这十页确是王蒙本人作品，且有散佚。此册呈现的全为摹古风貌，既是摹古，必有源头。我们现已无法得知王蒙是否模仿上述同名的前代画作，但分析全册的技法

---

[1] 刘如仲：《王蒙霜柯竹石图》，《收藏家》2005年第6期。

图二 《溪山风雨图》第二开

风貌，确实涉及五代北宋重要画家的某些特征。《溪山风雨图册》作为摹古作品，
却能具备类似《夏山隐居图》的王蒙元素，这些图像链接，更是从正面的角度，确
定《溪山风雨图册》属于王蒙真迹，并且与五十六岁时所作《夏山隐居图》相距不
会很远，而不是徐邦达先生推测的"可能王氏早笔"。[1]本页四角钤盖有多方项元
汴父子收藏印，如墨林子、净因庵主、子孙永宝、项子京家珍藏、天籁阁、项子
京、项元汴印、项墨林鉴赏章、蕉窗。裱边有方濬颐题：老梅何槎枒，丛篁何茂
密。荣枯讶各判，气候遑使一。若招土性硗，箨龙偏易出。若诏石骨坚，都畏猛飙
疾。除是秦大夫，方与此君匹。从起少胜多，丹青能事毕。钤二知轩朱文长方印。
《故宫博物院藏文物珍品大系·元代绘画》定为早期作品，《千载清风——古代墨竹

---

［1］康耀仁：《王蒙〈溪山风雨册〉考——兼谈旧题赵孟頫山水三段卷问题》，《中国书画家》2014
　　年第6期。

名迹展》，定为王蒙作品。此幅为典型的枯木竹石图小景，树法李郭，石头以勾染为主，竹子部分以浓淡分前后，竹竿和竹节画法接近柯九思，节是李霖灿所谓的重节法，叶子用笔轻快，结组自然，竹竿或直或斜，或高或矮，错落有致，应是早期作品无疑。

3. 竹石流泉图与竹石图：现藏台北故宫博物院，纵94.7，横34.8厘米（图三），著录于《石渠宝笈初编》1009、《故宫书画录》（卷八）、《故宫书画图录》第五册。纸本墨笔。题诗为"笔笔翠叶复潇潇，何处仙人吹玉箫。环佩声随丹凤远，碧空如水夜迢迢"。署款"黄鹤山樵者为心斋老师画并题"，"为"字下有"王蒙叔明""黄鹤山中人"二印，"题"字下有"笑轩"白文印；后有僧衍题云：短短风梢拂碰碨，澹云寒影暮徘徊，却思林馆深秋夜，曾共挑镫听雨来，僧衍，下有"斯道"白文印；又王行题识云：翳有皓者唯神仙，人阅彼世中孰吾之真心，去夫婴迹亡于尘，因将秋兴还与安仁，今日炼师出此示坐客，敬夫有欲炙色。师曰尔意在是耶？因顾余而笑余曰，师意在吾耶！师不答，有笔在几，遂援而书，王行。右方上有"京麓鉴赏""吴郡沈氏恒吉图书印二印"，左方下有"吴氏宗高珍藏图书"，"子子孙孙永保其用"二印，上部有"乾隆御览之宝""乾隆鉴赏""三希堂精鉴玺""石渠宝笈""宜子孙""嘉庆御览之宝""宣统御览之宝"等内府收藏印。此轴下部为泉石水流，左侧绘墨竹五竿，前两竿略浓，竹梢上部向右伸出，竹叶结组自然，用笔浓淡燥湿兼施，竹节仍以重节法为主，竹梢内有部分枯枝和短枝，此法接近吴镇画法。下方点缀大小拳石数块，中有泉出，披麻皴和牛毛皴兼施，点苔细密，复染淡墨，拳石浑厚湿润。而画幅右侧中间大片空白处以楷书题诗。《竹石流泉图》是应明末清初的谋略家、道士席应珍（1301-1381年）而作，僧衍即姚广孝，据张光宾《王蒙年表》，此图做于至正24年（1364年），是年王蒙57岁。[1]同年王蒙还为张德机作有构图极为相似的《竹石图》，此图现藏苏州博物馆，笔者已有详细的介绍，在此不赘，但特别需要注

---

[1] 张光宾：《王蒙年表》，《朵云》第65集，上海书画出版社，2006年。

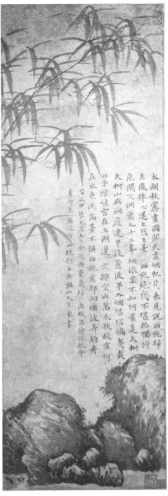

1. 竹石流泉图　　　　　　　　2. 竹石图

3. 竹石流泉图局部

图三　竹石流泉图与竹石图

意的是，苏博《竹石图》虽然是王蒙难得的墨竹真迹，但却是一幅残画，并不是学者所谓的构图新颖之作。[1]

4. 修竹远山图：此图据杨可涵研究[2]目前存世三种，分藏台北故宫博物院、瑞典斯德哥尔摩东方博物馆、上海中国画院，形制、题跋、印鉴基本相同（图四）。其一台北本，纵 93.1，横 31.2 厘米，纸本淡设色，有王蒙自题：修竹远山，昔

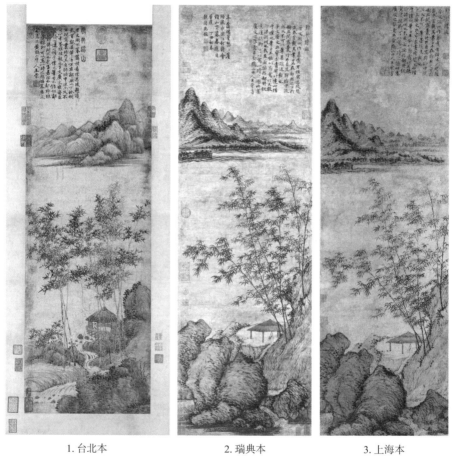

1. 台北本　　　　　　　2. 瑞典本　　　　　　　3. 上海本

图四　修竹远山图

［1］ 程义：《苏州博物馆藏王蒙竹石图轴》，《收藏》2012 年第 9 期。
［2］ 杨可涵：《〈修竹远山图〉轴探析——兼论王翚对王蒙竹图之临仿》，《新美术》2020 年第 1 期。

文湖州暮霭横看（瑞典本、上海本题作"暮霭看横"），宋思陵题识卷首。观其笔力，不在郭熙之下。于树石间写丛竹，乃其自肺腑中流出，又不可以笔墨蹊径观也。子文广文，出纸求画修竹（竹误作山）远山。惜乎仆之笔力，不能似郭，又敢仿佛湖州也哉。至若拙朴鄙野，纵意涂抹，聊可以写一时之趣，姑塞广文雅意云。黄鹤山中人王蒙。后钤"王蒙印"白文方印。曾经项元汴、李肇亨、汪令闻等藏，又为清内府旧藏。有"嘉庆御览之宝""嘉庆鉴赏""石渠宝笈""三希堂精鉴玺""宜子孙""宝笈三编""宣统御览之宝""檇李项氏士家宝玩""籁阁"（半印）"桃里""墨林子""项元汴氏审定真迹""项子京家珍藏""檇李李氏鹤梦轩珍藏记""醉鸥""李氏珍赏""汪令闻审定"鉴藏印。图版见《故宫书画图录》第四册、《故宫书画录》（卷五）；其二瑞典本，纵 117.6，横 37.2 厘米，画上无王蒙印。后钤"式古堂书画""登""青羊君""安""仪周鉴赏""令之清玩""周梦公秘笈印""己丑以后所得""昵晏楼""安氏仪周书画之章"，陆树声、王穉登、卞永誉、安岐、周庆云诸辈藏。此轴亦为清内府旧物，上有清高宗御题，跋曰："亭覆修篁瑟瑟。崖临流水淙淙。记得会稽山下。暮春游目曾逢。"瑞典本后为张大千购得，收藏经过见刘太希《湖海豪情的张大千》、谢家孝《张大千的世界》记述。傅申在《张大千与王蒙》一文中，也有回忆，后归瑞典东方博物馆；其三上海本，原为程十发旧藏，钤"王蒙之印"白文方印、"黄鹤山人"白文方印。另有"墨林山人""墨林秘玩""宫保世家""子孙世昌"等鉴藏印，无内府鉴藏印。

此三件《修竹远山图》皆无纪年，均绘竹林萧疏，屋宇亭榭在隐显间，颇富文人雅趣。上海本和瑞典本山石和竹子位置基本一致，竹子在右下，远山在左上，台北本则与此相反。上海本与瑞典本款题内容上基本一致，上海本画面较为残破，较之瑞典本多两方王蒙钤印，而无乾隆御题。杨可涵对此三幅作品做分析，认为就笔墨而言，瑞典本气息沉古，比台北本、上海本略胜一筹。又比对画款，瑞典本书风更为浑厚。而瑞典本《修竹远山图》较之台北本，款题藏锋浑厚，清矫有骨力，笔致秀耸有逸趣，堪称佳作。据此，杨可涵认为台北本《修竹远山图》是否王翚本人所作还有待进一步研究，此作或为虞山画派或同时期效仿王翚者所作。

四、王蒙画竹风格与渊源

前述五件作品中《霜柯竹石图》树石的皴法显然不是一个年轻人可能的风格，我们认为放入王蒙后期作品序列里也许是合适的。《溪山风雨图》第二开，康耀仁认为是晚期作品，但整套册页都是临摹古画，且是小幅。这种作品一般都是学画阶段的产物，其竹石部分更像李衎、高克恭那种接近自然竹子的风格。所以，徐邦达的意见更为可信，应该是早期学古临古的作品。修竹远山图虽是山水画，但竹子占了很大的比例，所以也可作为竹画的证据之一。杨可涵对图像做过仔细比对后，认为瑞典本是真迹，台北本是王翚临本，上海本是一较差的摹本。这一意见基本可信。修竹远山图的时代，据其构图已带有倪瓒一江两岸的范式，即前景和远景之间以大面积的空白隔开，这种构图是倪瓒的典型图式，所以它的年代应该是倪王交好之后，互相影响的结果，也就是隐居黄鹤山之后的中晚期。苏博《竹石图》和台北《竹石流泉图》是王蒙最可靠的两幅竹子作品。构图、用笔、人物、时间都可以互相印证。这两幅画的竹子画法兼顾倪瓒的萧散和吴镇的快疾，特别是以竹叶间夹杂小墨点勾画枯枝的技法，和吴镇极为接近，但竹叶的结组不如吴镇那么密集，且偶有枯笔，形象勾画也不如吴镇谨严，这又反映出受倪瓒影响的一面。

我们将目前存世的王蒙竹画做一排序：江山风雨图——修竹远山图——竹石流泉图、霜柯修竹图（？）。江山风雨图内的树木竹石均带有明显的仿古意味，王蒙是赵孟頫的外孙，其父王国器也颇有收藏，学习绘画以宋画为范本是平常不过的路数。王蒙学画有得天独厚的资源优势。赵孟頫是元代著名的收藏家，本身又是书画家，鉴赏家，其夫人管道昇，儿子赵雍都是著名的书画家，王蒙在学习绘画的过程中得其外祖一家的亲炙自是顺理成章之事。故《槎翁诗集·题王叔明竹石图》云王朗写竹出吴兴。墨竹一道，作为绘画的入门训练，王蒙也不大可能另辟蹊径，而这时李衎的《竹谱》已经刊行，造型的训练也许就是以李衎的自然竹风为基础，但是随着世道变迁，家境衰落，社会动荡，王蒙尽管曾从朝廷获得了个小官职位，但很快就辞官归隐黄鹤山。归隐后，和同在杭嘉湖平原的嘉兴吴镇趣味相投，多有往还。游荡在太湖的无锡倪瓒也加入其中，三人互相酬唱游历，应和题跋。在这个交往的过程中，倪吴二家的写竹技法对王蒙产生了重要的影响。《逊志斋集·题王叔明墨竹为郑叔度赋》对王蒙的绘竹评价道：分枝缀叶人所知，要外枝叶求神奇，天机贵足不贵似，此事不可传诸师。倪瓒在《答张仲藻书》中云：仆之所谓画者，不过逸笔草草，不求神似。在《跋画竹》一文里，倪瓒对时人对他的竹画的误解进行了回应：余之竹聊以写胸中逸气耳，岂复较其似与非，叶之繁与疏，枝之斜与直哉！或涂抹久之，它人视以为麻为芦，仆亦不能强辩为竹，真么奈览者何，但不知以中视为何物耳！这个评价和倪瓒的绘画理论如出一辙。[1]同样，吴镇在《竹谱》里也谈到：“夫画竹之法，当先师意，然后以笔法求之可也。倘得意在笔前，则所作有天趣自然之妙。如其泥于笔法，求其形似者，岂可同日语耶！”[2]因此，我们认为典型的王蒙竹画以追求天趣不求形似为旨归，兼具吴镇之淋漓快疾和倪瓒之萧散简寂于一体，再配以独树一帜的山石皴法，别有一番风味，绝不可目之为倪吴竹画之简单模仿。

（原发表为程义、陈秋歌：《王蒙的画竹艺术》，《东方博物》2021 年第 1 期）

［1］陈高华：《元代画家史料（增补本）》，中国书店，2015 年，第 510、512、556 页。
［2］吴镇：《竹谱》，藏台北故宫博物院，见《故宫藏画大系》第三册，（台北）故宫出版社，1993~1998 年。

苏州黑松林出土孙吴石屏风画臆释

1997 年 5 月，原苏州博物馆考古部在苏州虎丘黑松林抢救性发掘了三国时期孙吴墓葬五座。在主墓 M4 中出土两套石屏风，屏风两面均有石刻线画。其中一块石屏风保存相对完好，是该时期石刻文物中的精品。此石刻出土后就一直存放在苏州博物馆库房，未能发表和研究，最近在清理库房时才得以仔细观察。这块屏风因为出土时已经倒地，并且另一面画像已经漫漶不清，已经很难区分正反了。因为三国绘画，特别是孙吴绘画材料极其匮乏，所以这个石屏风就显得异常珍贵，[1] 但非常遗憾的是其余三面都已经漫漶不清，我们只能就保存较好的一面发表意见。

这块石屏风纵 73 厘米、横 71 厘米、厚 5.5 厘米，一面保存良好，画面以阴刻线条描绘人物与纹饰，另一面也有阴刻人物图像，但已患漫不清。屏风左右及上部边沿饰以云气纹，画面分上中下三层，每层间以帷幔分开，由下至上刻画如下。下层：由右及左为三人一山，分别为右侧一人，头戴平巾帻，身着交领长袍，疑似右手持戟；带剑者两人，头戴无帻之冠，右二佩剑于右侧，右三佩剑于左侧，身背包袱，两人作奔跑状；远山一座，呈"工"字形，曲径通幽，云雾缭绕，山峰高耸入云，接入中层，但山和人物比例悬殊，人比山还显得大一些。中层由左及右共四人，左二似乎为主要人物，身着交领长袍，推测为女性，双手自然伸展作讲话状，

---

[1] 关于三国绘画的概况可参看郑岩：《考古发现的三国绘画》，载《郑岩自选集——从考古学到美术史》，上海人民出版社，2012 年，第 29-41 页。

其余三人或拱手，或作凝神倾听状，皆朝向左二；最左侧描绘长方形柱状物，接通上层。上层由左及右亦四人，左一佩剑于右侧，推测为侍卫，惜面部漫漶不清，似乎面朝右；左二佩剑于左，居画面中间，推测为该层主要人物，双手平推，表情威武，器宇轩昂，与右侧二人交谈；右侧二人装束和下部中间二人相同，但未佩剑（图一）。

为了整理当年的考古资料并撰写相应的发掘报告，我们组织了一次研讨会，会后由姚晨辰先生在《中国文物报》将该屏风图像做了披露，他认为"这类呈工字形的远山，天柱稍简略，曲径通天，为描绘西南方昆仑仙山的典型形象，画像石中位于仙山之上的人物形象有西王母或东王公或周穆王等，这也与屏风边沿的云气纹完美地统一起来，这件屏风可能生动的描绘了一幅仙境中的人物故事画"。[1]

通过观察和分析，我们认为这个图像中既没有西王母的龙虎座，头部也没有戴胜，并且女性位于中层，这不符合西王母的身份。根据东汉末年西王母东王公镜上的图像来看，这个解释并不很贴切，人物和故事情节很难对应起来。

为此经过进一步的推敲，我们认为这是一幅历史鉴戒图，其画像内容应该是吴王夫差和越王勾践的故事。试将我们的理解分析如下，以作抛砖引玉之用，并请各位专家批评指正。

一、没有榜题：内容与格套

人们在研读各类视觉材料时，经常会遇到一些没有题目的作品，但这并不影响大家对画面的解读。与之相反，读者很容易判断出画面内容的主题，比如中国画里常见的岁寒三友、携琴访友、四季山水。我们之所以能够不通过文字就可以判断这些视觉材料的内容，是因为这些内容已经形成一种定式，即所谓的画式或格套。邢

---

[1] 姚晨辰：《苏州黑松林出土三国时期石屏风》，《中国文物报》2020年2月3日。

图一　黑松林石屏风线画拓本、摹本

义田注意到："汉代画像不论石刻或壁画常见标示画像内容的榜题，也有些石刻预留了榜题的位置，实际并未刻字。"为什么画像有些有榜题，有些没有？一个尝试性的解释是：因为汉代的画像有一定的格套，不同的内容会依一定的格式化呈现，因此只要熟悉这些格套，不需要文字榜题的帮助，就能够了解画像的内容，大家熟悉的，就较不需要榜题。……凡是较不熟悉，或不以榜题帮助，无法明确传达画像特定意义的，就必须标以文字，加强说明。因此，格套式的画像，如不加榜题，所要传达的应该是当时一般人所共同理解的意思。……可是千百年后，我们已经不熟悉汉代家喻户晓的"热门故事"和"热门人物"。[1]

邢义田的研究我们认为是恰当的，也是合理的。那么我们要研究没有榜题的画像时，首先要解决的问题是这是什么"格套"，换言之，这是当时那种流行的图式？

因为这个石刻画是一个随葬的背屏，所以它的内容我们需要朝两个方向去考虑：丧葬和实用。它既可能是专门为丧葬而制作的一件随葬品，也有可能是模仿现实生活而来的一件复制品或缩小版模型。通过对其体量的考察，我们更倾向于这是一件模仿现实生活的背屏，也即是说，这个画屏是死者生前起居中的一件家具。对于画屏的功用，巫鸿认为"可以把屏风当作一件实物，一种绘画媒材，一个绘画图像，或者三者兼具"。[2]因为这个屏风是和石案石几成套出土的，所以它显然是三者兼备的。

二、可能的题材

因为没有榜题，所以我们无法确知画像的内容，但是我们可以根据东汉三国时期的画像石内容对其进行考察。汉代绘画内容除了大量的装饰性图案外，通常包括

---

[1] 邢义田：《汉代画像内容与榜题的关系》，《画为心声》，中华书局，2011年，第69-70页。
[2] 巫鸿：《重屏》，上海人民出版社，第1页。

道德宣传和神仙信仰两大类。道德宣传关注现实世界，神仙信仰关注未来世界。这两类图像既是实用建筑的装饰内容，也是丧葬艺术的主角。巫鸿先生曾经指出，正面和侧面像的区别在于，一个是崇拜的偶像，一个是故事的人物。与之相对应的，偶像型要和观者发生联系组成一个崇拜和被崇拜关系，而侧面像人物总是沿着画面向左或右行进。一幅图中的人物都是互相关联的，他们的姿态具有动势，并表现出了彼此之间的呼应关系。[1]这幅屏风画，所有的人物都是侧身像。如前所述，我们看到的是一个具有明显故事情节的内容，并且和已知的汉代画像石内容很难对应，和当时流行东王公西王母为主的神仙世界更难对应。因此我们认为这可能是一个用于道德宣传的故事画。因为这是死者生前每天要面对的一幅画，画面以训诫为主也颇符合屏风的功能。"图像之设，以昭劝诫"，汉代以来视觉艺术中出现了大量的历史故事、烈女义士之类的内容，正是这一社会风尚的反映。

《历代名画记·叙画之源流》载：曹植有言曰：观画者见三皇五帝，莫不仰戴；见三季异主，莫不悲惋；见篡臣贼嗣，莫不切齿；见高节妙士，莫不忘食；见忠臣死难，莫不抗节；见放臣逐子，莫不叹息；见淫夫妒妇，莫不侧目；见令妃顺后，莫不嘉贵。是知存乎鉴戒者，图画也。昔夏之衰也，桀为暴乱，太史终抱画以奔商。殷之亡也，纣为淫虐，内史挚载图而归周。燕丹请献，秦皇不疑；萧何先收，沛公乃王。图画者有国之鸿宝，理乱之纪纲。是以汉明宫殿，赞兹粉绘之功；蜀郡学堂，义存劝戒之道。马后女子，尚愿戴君于唐尧；石勒羯胡，犹观自古之忠孝。岂同博弈用心，自是名教乐事。余尝恨王充之不知言，云：人观图画上所画古人也，视画古人如视死人，见其面而不若观其言行。古贤之道，竹帛之所载灿然矣，岂徒墙壁之画哉！余以此等之论，与夫大笑其道，诟病其儒，以食与耳，对牛鼓簧，又何异哉！[2]

唐代张彦远不厌其烦地引用前人论断，旨在说明古代绘画和训诫关系密切，并不是简单的图像而已，但是训诫的内容非常多，三皇五帝，节妇烈女，高节妙

---

［1］巫鸿：《武梁祠：中国古代画像艺术的思想性》，三联书店，2005 年，第 149-150 页。
［2］张彦远：《历代名画记》，浙江人民出版社，2011 年，第 3-4 页。

士……纷繁复杂。如果要判断这幅石刻线画的内容，当时的社会环境和社会风尚无疑是重要的参考体系和线索。

三、孙吴政权的社会环境：危机与教训

这座墓的时代我们根据墓葬形制和器物特征已经可以确定属于孙吴时期。那么我们需要考虑的社会环境也和孙吴政权相关。孙吴政权是东汉末年兴起的一个地方政权，和北方曹魏政权不同的是，孙吴是由北方大族迁入江东而建立的一个割据政权。因此孙吴统治集团面临的困难一方面来自北方的曹魏，另一方面来自江东的本地。经过赤壁之战后，逐渐形成了魏蜀吴三国鼎立的局面，但是曹魏对江东集团的压力一直存在。此外，作为一个外来的军政集团，如何笼络和驾驭本地的旧族和新加入的山越势力，也是摆在孙吴集团面前的一个现实问题。所以说，孙吴政权一直存在内外两种压力，一旦处理不好，随时都有亡国的可能。面临如此压力，孙吴君臣必须也必定在寻找历史的经验和教训。身处吴越旧地的孙吴政权，最直接也最广为流传的历史教训莫过于夫差勾践的故事。夫差勾践故事的梗概大致是：吴大败越国，越国臣服，夫差穷兵黩武，勾践卧薪尝胆励精图治，最终"三千越甲终吞吴"。这个胜败转换的故事对孙吴政权有着非常现实的警示意义。赤壁之战，取得暂时的胜利（吴败越），如果不励精图治，即有可能发生翻转被曹魏灭亡（越灭吴）。

曹魏的压力人所共知，不需多言。江东土著山越和孙吴的关系更是令孙吴高层人士惴惴不安。[1]山越在史书中又被称为"山民""山寇""山夷""山贼""越贼"，山越是最常见的称呼。依胡三省的解释"山越本亦越人，依阻山险，不纳王租，故曰山

---

[1] 吕锡生：《山越在东吴立国中的作用》，《浙江师范学院学报》1984 年第 3 期；张崇根：《三国孙吴境内的少数民族——山越》，《历史教学》1982 年第 10 期；安般：《山越盛衰浅析》，《中央民族大学学报》1999 年第 4 期。

越"（《通鉴》卷56汉灵帝建宁二年条）。这些人从战国末年一直到唐初，出没山林，叛服无常，和政府关系摇摆不定。如陈寿所言"山越好为叛乱、难安易动，是以孙权不遑外御，卑词魏氏"。[1]山越难以控御，作为孙吴敌对势力的曹魏政权并没有忽视这股势力的存在，进入3世纪以后，曹操经常企图与山越接触，[2]试图利用山越牵制孙吴。这一局面也和吴越楚三国之争颇为近似。孙吴政权以"吴"国名，而山越确是"越"之余续，[3]因此山越的叛服和春秋末年吴越之争的局面颇有类似之处。

孙策去世之际对张昭等言"夫以吴越之众，三江之固，足以观成败"，[4]陈寿认为孙权的行为与勾践极其相似："屈身忍辱，任才尚计，有句践之奇，英人之杰矣。"[5]这些都说明，魏晋时期，吴越史事对江东人影响之深刻。面临内外双重压力的孙吴政权，在政治宣传和训诫方面，吴越旧事无疑是最经典，也最容易流传的内容之一。因此以吴王夫差和勾践的故事作为案例是顺理成章的选择。

四、勾践灭吴的流行与演绎：从春秋左传-史记到越绝书-吴越春秋

春秋吴越之争梗概是起初吴王夫差打败越国，接着剧情发生翻转，越最终灭吴。这是非常著名的历史事件，在战国时期就已经作为历史教训之一，出现在文献里，甚至在北方蛮夷之国中山国的青铜器铭文里也出现了。这段历史我们目前最熟悉的剧情是：吴王夫差打败越王勾践，伯嚭接受越国的贿赂，越王勾践奉上西施郑旦两个美女，吴王夫差就接受了越王勾践求和的要求。在这个过程中，伍子胥极力

---

［1］陈寿：《三国志》卷六十评曰条，中华书局，1973年，第1395页。
［2］关尾史郎：《曹魏政权与山越》，《文史哲》1993年第3期。
［3］唐长孺：《孙吴建国及汉末江南的宗部与山越》，载氏著：《魏晋南北朝史论丛》，中华书局，2011年，第1-26页，特别是该文第二、三节。
［4］陈寿：《三国志》，中华书局，1973年，第1109页。
［5］陈寿：《三国志》，中华书局，1973年，第1149页。

反对，但夫差听信谗言接受了求和。夫差进一步骄奢淫逸，穷兵黩武，赐死伍子胥。而越王勾践励精图治，最终战败夫差，逼迫夫差自杀。

如果我们将先秦文献和汉魏六朝文献进行比较，就会发现这个故事是可能层累形成的，特别是西施郑旦二美女和伍子胥力谏这个情节的加入很具有代表性。如果清华简《越公其事》记载可信的话，那么从《史记》以来，对这一事件的记载就已经开始文学化。学界对此已有深入的研究，一般分为历史叙述和文学演绎两类，为进一步说明问题，我们将两类文本做一排比如下：

第一类以《左传》《史记》为历史叙述代表，《国语》略加修饰。

《左传》：吴将伐齐，越子率其众以朝焉，王及列士皆有馈赂。吴人皆喜，唯子胥惧，曰："是豢吴也夫！"谏曰：……反役，王闻之，使赐之属镂以死。[1]

《史记》：越王句践率其众以朝吴，厚献遗之，吴王喜。唯子胥惧，曰："是弃吴也。"谏曰：……吴王闻之，大怒，赐子胥属镂之剑以死。[2]

《国语》之《吴语第十九》：勾践请盟。一介嫡女，执箕帚以晐姓于王宫；一介嫡男，奉盘匜以随诸御。春秋贡献，不解于王府。天王岂辱裁之？亦征诸侯之礼也……申胥谏曰：不可许也……吴王乃许之，荒成不盟。[3]

《国语》之《越语上第二十》：愿以金玉、子女赂君之辱。请勾践女女于王，大夫女女于大夫，士女女于士；越国之宝器毕从，寡君帅越国之众以从君之师徒。唯君左右之……夫差将欲听与之成……越人饰美女八人，纳之太宰嚭，曰："子苟赦越国之罪，又有美于此者将进之。"太宰嚭谏曰："嚭闻古之伐国者，服之而已；今已服矣，又何求焉？"夫差与之成而去之。[4]

清华简《越公其事》……赶登会稽之山，乃使大夫住（种）行成于吴师……吴王闻越使之柔以刚也，思道路之修险，乃惧，告申胥曰：孤其许之成。申胥曰：王

[1] 杨伯峻：《春秋左传注》，中华书局，2013年，第1664页。
[2] 司马迁：《史记》，中华书局，2013年，第1769页。
[3] 徐元诰：《国语集解》，中华书局，2002年，第540页。
[4] 徐元诰：《国语集解》，中华书局，2002年，第568页。

其勿许。天不仍赐吴于越邦之利，且彼既大北于平备，以溃去其邦，君臣父子未相得，今越公其胡又带甲八千以敦刃皆死？吴王曰：大夫其良图此。……今我道路修险，天命反侧。岂庸可知自得？吾始践越地以至于今，凡吴之善士将中半死矣。今彼新去其邦而笃，勿乃豕斗，吾于胡取八千人以会彼死？申胥乃惧，许诺。吴王乃出，亲见使者……使者返命越王，乃盟，男女服，师乃还。[1]

第二类以《越绝书》《吴越春秋》为文学演绎代表。

《越绝书》：越〔王〕乃饰美女西施、郑旦，使大夫种献之于吴王，曰："昔者，越王句践窃有天之遗西施、郑旦，越邦涝下贫穷，不敢当，使下臣种再拜献之大王。"吴王大悦。申胥谏曰：……吴王不听，遂受其女，以申胥为不忠而杀之。令大夫种守于国，与范蠡入宦于吴。[2]

《吴越春秋》：十二年，越王谓大夫种曰："孤闻吴王淫而好色，惑乱沉湎，不领政事。因此而谋，可乎？"种曰："可破。夫吴王淫而好色，宰嚭佞以曳心，往献美女，其必受之。惟王选择美女二人而进之。"越王曰："善。"乃使相者国中，得苧萝山鬻薪之女曰西施、郑旦。饰以罗縠，教以容步，习于土城，临于都巷，三年学服而献于吴。乃使相国范蠡进曰："越王勾践窃有二遗女，越国涝下困迫，不敢稽留，谨使臣蠡献之大王，不以鄙陋寝容，愿纳以供箕帚之用。"吴王大悦，曰："越贡二女，乃勾践之尽忠于吴之证也。"子胥谏曰："不可，王勿受也……"三月，吴王召见越王入见，越王伏于前，范蠡立于后。[3]

把上两类文献做一比较，显然文学演绎类的情节更为曲折，也更为丰满，这符合古史辨学派的所谓层累形成过程。在这个过程中，我们可以发现，在战国秦汉时期，二位越女并不是故事的主角，但到了东汉六朝时期，西施郑旦开始成为这一故事的主角，并且将伍子胥力谏的情节具体化，在《史记》时代文献里没有详细描写的情节和人物这时候都被刻画出来。文学演绎自然不是真正的历史，但是它有着非

［1］李学勤主编：《清华大学藏战国竹简柒》，中西书局，2017 年，第 114-122 页。
［2］李步嘉：《越绝书校释》，中华书局，2013 年，第 322 页。
［3］赵晔：《吴越春秋》，江苏古籍出版社，1999 年，第 143、114 页。

常强大的传播力和影响力，就像现在普通民众对三国史的认识，文学化的《三国演义》要比正史《三国志》广泛得多，而且也深信不疑，并对人们的道义观产生了巨大的影响，比如关公信仰。

《越绝书》和《吴越春秋》的作者及成书年代众说纷纭，但大致不出东汉晚期到六朝这一历史时期。东汉时期中原遭受了战乱和天灾的摧残，与之相反江东开发开始加速，江东豪族开始崛起，这是江东产生记录本地历史的动力，《越绝书》《吴越春秋》的编撰正是这一需求的回应。由于《越绝书》《吴越春秋》结合汉代儒学精神，又将吴越先王先贤的事迹精心整合和演绎，以达到恢弘先王事迹，阐发兴亡成败之理的目的，相比艰涩的经传和正史，这种整合和演绎具有更强的民间性而得以广泛流传，并一直流传至今。因此，虽然史传比文学演绎更准确，但文学演绎更容易流传，也就更容易成为社会风尚和传统。

如前所述，史传和文学演绎对这一历史场景的关注主要在于增加了更加引人入胜，广为流传西施郑旦二越女等情节。如果我们将这一场景做一简单描述：越王勾践和范蠡告别文种，带领二越女前往吴国投降，吴王夫差贪恋女色，准备接受，而忠臣伍子胥力谏不可，但吴王不听建议，并因此疏远逼杀伍子胥。因为吴王夫差贪恋女色，刚愎自用，不听伍子胥的建议，最后落得个国破身亡的下场。这一历史场景涉及的人物有：吴王夫差（昏庸好色）、伍子胥（忠臣）、越王勾践（忍辱负重）、范蠡（机智多谋）、西施郑旦（女色）、文种（忠臣）。忠臣昏君、谋士女色，这是多么活生生、血淋淋的历史教训，比起史传的记载有趣生动多了！虽然带有更多的想象，但这丝毫不影响它的鉴戒效果，流传和影响力自然非同小可。

五、本图式的流传与人物比对

按照汉魏六朝时期广为流传的故事版本，我们很容易将画中人物和情节进行比对。首先引起我们注意的是上层右侧未带剑的二人和下层右侧奔跑的二人。这两人冠式、服饰基本一致，只是动作不一样，最明显的差别是上层不带剑。我们认为这二人就是下层的二人跑到了目的地，然后去会见某人。而上层中间的那位人物显得气宇轩昂，正在和右侧两人交谈。上层最左侧的人物虽然有些漫漶，但有一个细节非常关键：他的剑柄朝向和其他三位佩剑人物均不一样，应该表达的是不一样的动作。这一画面使我想起了吴王镜上忠臣伍子胥拔剑的动作（图二）。我们将上层四个人物从左往右分别确定为伍子胥、夫差、勾践和范蠡，那么整个画面的人物对应当如下：底层，右一为文种，二、三为勾践和范蠡；中层，右一为吴国内官，中间二人为西施、郑旦，左一为吴国内官。底层左侧的山是一个标识，既代表吴越之间的距离，也代表以此为界，分为两个场景：上两层为吴国境内，下层为越国境内。因此整个故事情节可以叙述为：1. 下层——范蠡勾践告别文种，前往吴国投降；2. 中层——西施郑旦被贡献给吴国后宫；3. 上层——吴王夫差接受越国美女和投降，伍子胥坚决不同意，甚至有拔剑自杀的动作。拔剑的动作显然是虚构，在吴王面前，即使再怎么强烈的抗议，都不可能直接拔剑，以武力胁迫国王或自杀，但汉魏时期，为了增加故事的情节性和对抗性，这个情节确实是这一视觉图像的重要内容之一。我们在多面东汉晚期吴王镜[1]上都发现有这一情节，而特别是铜镜铭文"吴向里"标明这种铜镜的制造地极有可能是吴郡，即苏

图二　上博吴王镜拓本

---

[1] 此类铜镜多发现于江浙地区，如上海博物馆编：《炼形神冶莹质良工——上海博物馆藏镜精品》第51、52号，上海书画出版社，2005年，第176、178页，原定名为伍子胥镜，不确；另有王士伦编，王牧修订：《浙江出土铜镜》图版第25、26号，文物出版社，2006年。

州。哪怕是大家通常认为的那样，这类镜子即所谓的"会稽镜"，作为会稽郡的主要城市苏州对此故事也不会陌生。中层的四位女士可能有些难以理解，但在襄阳擂鼓台一号汉墓的漆奁上即有西施郑旦的故事。据张瀚墨研究，器底一组被标记为图像 F 的画面就是包括西施郑旦在内的四位。[1]因为漆奁和铜镜都是圆形，和屏风的形状不一样，所以画师在构图和内容取舍方面做了调整，但这一故事的骨干情节依然清晰可见，非常难得。

六、结　　论

黑松林三国墓地出土的石屏风线画的内容极有可能是孙吴时期非常流行的历史鉴戒画内容，其故事梗概来自当时高度文学化的春秋吴越历史的演绎。这个石刻线画的内容虽然还不能最终确定，但其绘画技法，特别是流畅刚劲的线条、人物姿态准确的刻画都为我们认识孙吴绘画提供了非常关键的素材。

补记：有关黑松林三国墓地的详细资料，可参见《虎丘黑松林墓地》（文物出版社，2022 年）。

（原发表为程义：《苏州黑松林出土孙吴石屏风画臆释》，《华夏文明》2021 年第 4 期）

---

[1] 张瀚墨：《襄阳擂鼓台一号墓出土漆奁绘画装饰解读》，《江汉考古》2017 年第 6 期。

潘祖荫之赐兰堂及其印章

世人习知上海博物馆藏"赐兰堂"巨印为赵之谦最后一方作品，印主即晚清重臣潘祖荫（图一），但因其印蜕不常见于潘祖荫藏书和信札等物品，因此对其缘起，刻制时间甚至该印真伪都有不同的声音。最近笔者在整理苏州博物馆藏《潘祖荫日记》上的印章时，同样发现此印不见于日记上，反倒是几方水平低劣的"赐兰堂"印霍然在目（图二）。如此诡异之现象，引发了穷其究竟的兴趣，因此经多方搜求，终将该印所蕴含信息揭露出来，故撰此文，以飨同好。

首先是赐兰堂的得名问题。有人说潘祖荫得到慈禧太后赏赐几盆兰花草，因号其斋曰"赐兰堂"，并制作了赐兰笺用于通信，也有人说得到了御赐兰画而得名。潘祖荫的斋号印非常多，仅仅在苏州博物馆藏《潘祖荫日记》上就有30余个，更为神奇的是仅光绪七年日记上就有16个斋号印，其中稀见者多达12个。所以，对于某些斋号的来历不明白也很正常，但根据上海博物馆"赐兰

图一　赐兰堂印及边款（上海博物馆藏）

堂"印的边款"不刻印已十年，目昏手硬，此为潘大司寇纪皇太后特颁天藻，以志殊荣，敬勒斯石，㧑叔"的记载，应是得到天藻即笔墨之类物品。实际上对"赐兰堂"的来历，在从日本回流之潘赵信札中有一封潘祖荫写给赵之谦的信札里说得非常清楚。潘祖荫在信札中写道："㧑叔仁兄大人阁下：久不得书，甚念，甚念。惟升祺日茂为颂。兹有万不能不奉（托）求之事，务求俯允者。弟四月廿八，蒙皇太后赐画兰四幅，人皆不得，弟独得之，此乃异数，千载难逢。虽惶恐万状，而不能不求兄大人书一匾曰赐兰堂、（篆）一石章曰赐兰堂。务祈允之，幸勿却之，且祈早赐为荷（愈速愈妙）。数十年至好，当不见却也。千乞，千乞。叩头，叩头。敬颂升安。弟荫顿首。四月卅日。"（图三）幸运的是，御赐兰画

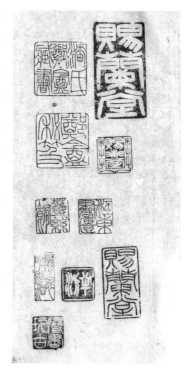

图二　潘祖荫光绪八年日记封底

这件事被潘祖荫记在日记里，"光绪八年四月二十九日甲申，入直。皇太后赏御笔画兰四幅。三十日乙酉，入直。函致益甫，交捷峰"（图四）。日记里的益甫即赵之谦，捷峰即李文敏，时任江西巡抚，赵之谦此时正客居江西南昌，所以潘祖荫致赵

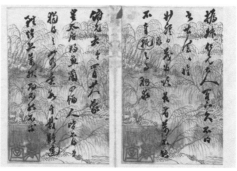

图三　潘祖荫致赵之谦求印信札

139

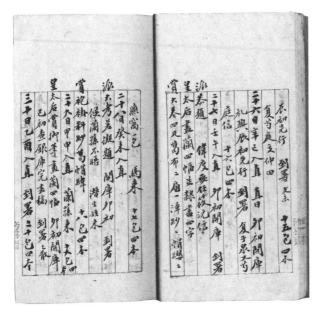

图四 潘祖荫光绪八年四月底日记（苏州博物馆藏）

之谦信函多由李捷峰转交。潘祖荫得到的赏赐物非常多，不但有食品、衣物，还有慈禧太后的书法，光绪八年似乎是慈禧太后兰画创作的高峰，在日记里不时有"派题""恭题"御笔兰画的记录。正是在这种氛围下，潘祖荫得到了四幅御笔所绘兰花，因此喜不自禁，立即请求远在江西的老友赵之谦书匾、刻印，以志殊荣。潘祖荫后人潘达于捐赠给南京博物院慈禧御笔兰花四条屏，或即赐予潘祖荫者，惜无年款和题跋确认（图五）。

其次是这方印的刻成时间问题。这方印什么时候刻成，因为该印边款为"不刻印已十年……"，并无具体年份。因此马国权《赵之谦及其艺术》中云：潘祖荫五十岁（1879 年）任职刑部尚书，始有大司寇之称，五十二岁调国史馆正总裁，则此印之作，当在赵之谦五十一至五十三岁之间。其言甚是。又，款中云"不刻印已十年"，以是推之，当刻于是年。齐渊《赵之谦编年印谱》径直将其定在光绪八年，但根据本馆日记光绪八年上没有赵印，而又有几方水平较低的同文印判断，此印必在此年后完成。

如果赵之谦没有立即应老友的请托完成此印，那是什么时候完成的呢？在苏

图五　御赐潘祖荫兰花四条屏（南京博物院藏）

州博物馆藏的一件潘祖荫致吴昌硕的信札上发现了此印的印蜕，而且是蓝色的，信的内容是"病目久不愈，不能视，肿赤未消……来札当须大，如此小则不见也，敬上仓石仁兄，制荫顿首"（图六）。制是指守制，潘祖荫之父潘曾绶光绪九年正月二十二日去世，四月二十九灵柩运抵苏州，潘祖荫在苏州守制二年，直至光绪十一年四月二十日离苏返京。潘祖荫光绪九年三月底病目，所以"是年患目疾，四月十四日后长太代书"。潘祖荫居苏期间病目持续达五月之久，也正是在此期间，潘祖荫通过族兄潘钟瑞结识了吴昌硕。此时远在江西的赵之谦正在忙于撰写潘曾绶的

图六　潘祖荫致吴昌硕病目信札（苏州博物馆藏）

墓志。潘祖荫光绪九年五月二十日去信请赵之谦撰写墓志，七月十一日赵之谦完成了墓志的撰写。光绪十年十一月"初二日壬寅，得益甫讣"，赵之谦去世。按照潘祖荫求印的心切和潘祖荫日记的习惯，此事必会记入日记，但此印的信息在日记里却毫无踪迹，原因正在于"病目"，日记由"长太代写"之故。所以此印完成时间当在光绪九年四月以后。潘吴交往集中在光绪九年七八月间，而此时潘病目，在有关病目的信札上也见到了此印。所以我推定，此印完成于此期间，亦即赵之谦撰写墓志的时候。

　　最后是印痕少见的问题。此印是潘祖荫后人捐献给上海博物馆的，但对其真伪也偶有怀疑。在潘祖荫众多的遗物上无此印之印蜕，即是一大疑点。但此中原委在吴门拍卖2017年拍品"潘祖荫致其族兄潘钟瑞短札"中得到了完美解决。该札称"亡友从不为人刻印，独为弟刻此一印，是以从不用之，今已用之，则竟冈之矣。明日从直遵谕，专候驾临，不敬诣矣。香禅三哥大人，制荫顿首"。此处亡友显系赵之谦，因为赵之谦刻好此印不久即不幸病逝，所以此印尤为珍贵，"是以从不用之"，但又开了一个特例，应该是在苏州亲朋间偶有使用，所以在苏博藏潘祖荫致吴昌硕一有关病目需读大字的短札上有此印之蓝色印蜕。

　　如此一来，个中曲折迎刃而解。潘祖荫得到慈禧太后御赐兰花图四幅，兴奋异常，循惯例刻"御赐"印章，立即给远在江西的老友赵之谦去信索刻，同时在北京也有俗手刻成三方"赐兰堂"，并被钤盖在同年日记之上。未及赵刻成此印，光绪九年正月，潘祖荫父亲去世，潘又委托赵之谦撰写墓志文并书丹，这期间潘赵鱼雁往来密切。在忙于处理墓志事宜期间，赵之谦刻好了"赐兰堂"巨印，并顺道刻了郑珉中捐给故宫博物院那枚"二苏仙馆"。光绪十年四月十四日之后，因为病目，日记就由"长太代书"，日记内容只记天气和收受信件内容，故光绪十年日记里既没有收印记录，也没有在日记上留下印蜕，但不幸的是，光绪十年十一月"初二日壬寅，得益甫讣"，潘祖荫与赵之谦是多年金石至交，自是悲伤不已，亡友最后手泽不忍使用，所以才有"从不用之"之语，后虽破例，终不常用，故印痕少见。

如此一来，印章、日记、信札三者合观，此事来龙去脉昭然若揭，赐兰堂与"赐兰堂"印因缘得以完整再现，亦一乐事也！

（原发表为程义：《潘祖荫之赐兰堂及其印章》，《中国文物报·收藏鉴赏专刊》2022 年 4 月 12 日）

墓志述史

唐"张万顷墓志"考释

该墓志青石质，正方形，长宽各 72 厘米，厚 12 厘米，盖已佚。除少量字迹残泐外，其余大多清晰。志文共 26 行，满行 27 字，隶书，有界格（图一）。志文

图一　张万顷墓志

为赵郡李纾撰，河南褚凑书丹，陇西李坦然刊。志文详细记叙了张万顷的世系、历官等等内容，但是和唐代相关资料却不完全吻合，值得进一步考证。因志主曾参与过安史之乱，所以该志的内容可以弥补正史记载之不足。此外，该志文明确记载了志主明经及第的时间以及曾任泗颍二州刺史等，弥足珍贵，可以补充《登科记考》《唐刺史考全编》的内容。

一、墓志录文

因此志从未著录过，所以先按原石录文如下：

唐故朝散大夫使持节颍州诸军事守颍州刺史张府君墓志并序

右卫兵曹参军赵郡李纾撰

陈王府典军河南褚凑书

吴郡张氏，以衣冠文术为世业，清白玄妙为遗训。自居于吴，廿余代世不陨矣。公名万顷，字混，即陈散骑常侍尚书仪曹郎汾之曾孙，隋建节校尉长仁之孙，台州临海令叔达之第五子。不坠先范，能读诗书，年廿一，明经擢第，授越州鄮县尉，转襄州襄阳县尉，征为集贤院学士，拜邓州内乡县令，改宣州溧阳县令，授义王府掾，转太府丞朝散大夫，太子洗马，又拜泗颍二州刺史，充本州防御使，又为元帅参谋。春秋七十有七，染疾而殁于越州之客舍。呜呼！家传其庆而达，天辅其善而寿，心精于述而妙，身聚于学而材。前后以书判登科者再，以讨论受辟者一，可谓文矣。以身白著闻、对策高第者二，以陟明褒政特为举首者一，可谓清矣。两典候藩，三降天京。敕曰：卿频典藩翰，克著政声。既当寇难之时，乃有忠勤之效。想卿勉力，以副朕怀。冬寒，卿比囗平安好。敕文稍广，略而言之。府君身先所郡囗囗建，德以利人，威以除害，可谓政矣。而又栖心道源，回向释门，昭万物于归一，了三乘之不二，可谓玄矣。中又悉心于物，精意为医，十全之术，六沴无道，发药之际，全活颇多，可谓妙矣。而终绝主祀，岂天道无知乎！夫人吴县君，同郡陆氏。父谔，王府典军、上柱国，讳怀忠。泗州司马韦察即府君之女胥也。不远千里匍匐，同归主办先远。以宝应元年十一月九日葬于郡城西通贤之原，从先兆宅。爰列方石，以志寒泉。铭曰：高族多贤，盛门传禄。惟先积庆，生此良牧。学既钩深，文亦昭郁。爰自解巾，逮乎列藩。射荣登朝，天书降门。除害布政，异□同源。从政之余，归心于寂。空门灭色，虚室生白。我心惟精，无幽不迹。无□□那，逢危而□。人□不瘳，我亦斯寿。居常而殁，其谁以各。寂寂者祀，茕茕□□。缇萦有女，伯道无儿。凡曰居者，其谁主之。爰有寒泉，在山之下。莫莫□□，□以□树。万岁千秋，于斯大暮。陇西李坦然镌

二、相关词汇和术语的考释

为了进一步展开讨论，先就墓志本身所涉及的人物、职官、地理、历史事件等按其在墓志里出现的顺序，做简单的考释，如下：

朝散大夫，隋置散官。大唐因之。自正议以下，今并为文散官。从五品下曰朝散大夫，文帝置朝散大夫，为正四品，散官；炀帝改为从五品下。

颍州（中）汉汝南郡。隋为汝阴郡。武德四年，平王世充，于汝阴县西北十里置信州，领汝阴、清丘、永安、高唐、永东等六县。六年，改为颍州，移于今治，省高唐、永乐、永安三县。贞观元年，省清丘县。八年，又以废涡州之下蔡县来属。天宝元年，改为汝阴郡。乾元元年，复为颍州。长庆二年，以颍州隶滑郑节度使。中州，户二万已上置刺史一人，正四品上。

据《通典》卷35载，左右卫长史各一人（从六品上），录事参军事各一人（正八品上），仓曹、兵曹参军各二人（正八品下）。隋置，唐因之。掌府内卫士以上名帐差科及公私马驴等。

李纾，字仲舒，礼部侍郎李希言之子。少有文学，天宝末，拜秘书省校书郎。

《旧唐书》卷137有传。

张姓，东南巨姓。据《唐会要》卷36记载："过江则有侨姓，王、谢、袁、萧为大；东南则有吴姓，朱、张、顾、陆为大。"

尚书仪曹，职官名。据《通典》卷35载，梁书曰："武帝谓徐勉云：'今帝业初构，须一人有学艺、解朝仪者，为尚书仪曹郎。'勉曰：'孔休源识具清通，详练故事，自晋宋起居注，略诵上口。'遂拜为仪曹郎。"后周依周官。隋初为礼部侍郎，炀帝除"侍"字，又改为仪曹郎。武德初，改为礼部郎中。龙朔二年，改为司礼大夫，咸亨初复旧。其后曹改而官不易。

据《通典》卷34载，武骑尉、屯骑尉、骁骑尉、游骑尉、飞骑尉、旅骑尉、云骑尉、羽骑尉、建节尉、奋武尉、宣惠尉、绥德尉、怀仁尉、守义尉、奉诚尉、立信尉，都十六尉，并隋置，以为武散官。炀帝又置八郎、八尉。六品置建节尉、奋武尉，七品置宣惠尉、绥德尉，八品置怀仁尉、守义尉，九品置奉诚尉、立信尉，并为正从。又，六品置承议郎、通直郎，七品置宣德郎、朝散郎，八品置登仕郎、将仕郎，九品置常从郎、奉信郎，亦为正从。皇朝以郎为文职，尉为武职，遂采开皇、大业之制，以为六品以下散官。

台州（上）隋永嘉郡之临海县。武德四年，平李子通，置海州，领临海、章安、始丰、乐安、宁海五县。五年，改为台州。临海，上。上县令，从六品上。

明经有礼部贡举选[1]和吏部科目选[2]两种。礼部明经和进士一样，是取得出身的途径，而吏部科目选却是减少守选年限的捷径。礼部明经科只能由无出身人参加，而吏部科目选却是与此相反。通常所说的明经及第是指礼部明经科及第。因明经只是考察对儒家经典的熟悉程度，所以相对容易，故有"三十老明经，五十少进士"之说。明经每年及第人数较进士科为多，《登科记》多不载其名。所以，清代徐松在收集《登科记考》的素材时，明经资料反倒较进士为少。据《新唐书》卷44《选举志序》记载："唐制，取士之科，多因隋旧……其科之

［1］傅璇琮：《唐代科举与文学》，陕西人民出版社，1986年，第6章。
［2］王勋成：《唐代铨选与文学》，中华书局，2001年，第8章。

目，有秀才，有明经，有俊士，有进士，有明法，有明字，有明算，有一史，有三史，有开元礼，有道举，有童子。而明经之别，有五经，有三经，有二经，有学究一经，有三礼，有三传，有史科。此岁举之常选也。"神龙二年，知贡举赵彦昭，明经及第榜目前已补出两人，但都为推测，一作"神龙载中，明经擢第"，一作"弱冠之岁，明经擢第"，[1] 志文明确记载志主年二十一明经擢第，可补《登科记考补正》。

鄮县，汉旧县，属会稽郡。至隋废。武德四年，置鄞州。八年，州废为鄮县，属越州。开元二十六年，于县置明州。尉，县令属官，上县二人，从九品上，其他县一人，从九品下。鄮县，为上县。襄阳，望县，望县尉从九品上。

据《唐六典》卷9记载，集贤院学士、直学士、侍读学士、修撰官，掌刊缉经籍。凡图书遗逸、贤才隐滞，则承旨以求之。谋虑可施于时，著述可行于世者，考其学术以闻。凡承旨撰集文章、校理经籍，月终则进课于内，岁终则考最于外。开元十三年，改丽正修书院为集贤殿书院，五品以上为学士，六品以下为直学士，宰相一人为学士知院事，常侍一人为副知院事，又置判院一人、押院中使一人。此处学士当为统称，以其资历只能是直学士，即六品以下。

县令为一县之长。京畿及天下诸县令之职，皆掌导扬风化，抚字黎氓，敦四人之业，崇五土之利，养鳏寡，恤孤穷，审察冤屈，躬亲狱讼，务知百姓之疾苦。最高为正五品，最低为从七品下。内乡为上县，县令为从六品上。溧阳为紧县，县令为从六品上。

掾，亲王府属官，据《新唐书》卷49下载：亲王府置掾，一人，掌通判功曹、仓曹、户曹事，属一人，皆正六品上，掌通判兵曹、骑曹、法曹、士曹事。义王为玄宗第二十四子，初名滈。开元十三年三月，封为义王。二十三年七月，授开府仪同三司，仍改名玭。

太府寺置丞四人，从六品上。掌判寺事。据《新唐书》卷48载：凡元日、冬

[1] 徐松撰，孟二冬补正：《登科记考补正》，北京燕山出版社，2003年，第166-167页。

至以方物陈于庭者，受而进之。会赐及别敕六品以下赐者，给于朝堂。以一人主左、右藏署帐，凡在署为簿，在寺为帐，三月一报金部。

洗马，太子府属官。司经局有洗马二人，从五品下。洗马掌经、史、子、集四库图书刊缉之事，立正本、副本，贮本以备供进。凡天下之图书上于东宫者，皆受而藏之。

刺史，州长官，掌清肃邦畿，考核官史，宣布德化，抚和齐人，劝课农桑，敦谕五教。每州一人，上州从三品，中州正四品上，下州正四品下。颖、泗二州皆为上州。

防御使，天宝十四载十一月，安禄山叛命，诸州当贼冲者，始置。至宝应元年五月十九日，停诸州防御使。至德后，中原置节度使。又大郡要害之地，置防御使，以治军事，刺史兼之，不赐旌节。

元帅，据《旧唐书》卷 44 载：旧无其名。安、史之乱，肃宗讨贼，以广平王为天下兵马元帅，又以大臣郭子仪、李光弼随其方面副之，号为副元帅。及代宗即位，又以雍王为之。自后不置。昭宗又以辉王为之也。

书判登科，[1] 是指参加吏部科目选。唐代规定五品以下官员及新及第进士等必须有一段守选的时间，如果不想守选就需要参加科目选或制举。科目选一旦登科即可授官，无需守选。深入研究可参见王勋成《唐代铨选与文学》一书相关章节。

两典侯藩指义王府和广平王府。三降天京指集贤院学士、义王府、太子洗马，皆在西京长安任职，唐代西京长安又称天京。志文中的寇难指安史之乱。

宝应元年，即代宗即位的第一年，公元 762 年。通贤原，地名。据《姑苏志》卷 34 记载明嘉泰中齐门外采莲里窑户起土发现唐代鲁国夫人墓志云：长庆三年四月十四日藏于陆墓里通贤乡之原。据此，知该原在齐门外陆墓一带，即今苏州西北郊相城区附近。

李坦然，刻工。此人所刻石刻尚有《宝林寺作及谒禹庙寺二首》《徐氏碣》二

---

[1] 王勋成：《唐代铨选与文学》，中华书局，2001 年，尤其是第八章。

石。程章灿推测李氏活跃于大历时期，[1]不确，可提早至宝应时期。

三、张万顷的其他事迹

张万顷曾为两州刺史，并且在安史之乱结束后受到皇帝的嘉奖，照理不应被史官忽略，在正史中应有一定的记载。循此思路在正史和《唐刺史考全编》中检索，果然有一张万顷。据郁贤皓先生考证，张万顷曾于天宝十四载（755年）安史之乱爆发前任博陵郡太守，[2]十二月被安史集团任命为河南尹，[3]至德二载（757年）收复东都，因张万顷"安抚百姓，全活宗枝"，而被肃宗褒奖，并授以濮阳太守，[4]乾元元年（758年）改为广州都督，五府节度使，[5]上元元年（760年）因贪污被贬为巫州龙标县尉员外安置。[6]另据《旧唐书》卷105《杨慎矜传》，天宝六载（747年）张万顷为河南法曹。河南府法曹参军，正七品下。在同一时间段，同一事件中出现两个同名人物，这个概率非常低。因此，我认为这两人可能是一个人。志主死于宝应元年（762年），享年77岁，推得志主生于垂拱二年（686年）。在安史之乱中"有忠勤之效"，受到了皇帝的嘉奖。但在安史之乱初期，志主到底有何表现，任何职，没有明确记载。在颍、泗刺史之后，又任何职？为何又死于越州客舍？墓志也未有明确交代。

作者认为这些内容正是墓志撰写者有意隐晦的实情。试想，墓主在安史乱前，任博陵郡太守，而河北适当安史集团南下的战略要地，因此河北除平原太守颜杲卿等人坚守城池外，大多投降叛军，张万顷正是在这样的背景下被叛军裹挟至洛阳，

---

［1］程章灿：《石刻刻工研究》，上海古籍出版社，2008年，第198页。
［2］郁贤皓：《唐刺史考全编》，安徽大学出版社，2000年，第1553页。郁先生此书引用文献丰富而规范，所以在此不再列出全文，读者可自行查阅。
［3］郁贤皓：《唐刺史考全编》，安徽大学出版社，2000年，第1553页。
［4］郁贤皓：《唐刺史考全编》，安徽大学出版社，2000年，第981页。
［5］郁贤皓：《唐刺史考全编》，安徽大学出版社，2000年，第981页。
［6］郁贤皓：《唐刺史考全编》，安徽大学出版社，2000年，第3164页。

并予以重任。尽管安史之乱被平息后，大多变节官员得到朝廷的赦免，但毕竟不是一件光彩的事，所以在墓志撰写对志主安史之乱后的经历避而不谈，就是为了掩盖相关事件。事实上，河北官员变节投降的问题，朝廷暂时予以原谅是无可奈何之举，志主此后一贬再贬即是明证。

如果墓主和正史中的张万顷是同一人，那么墓志撰写人首先要回避的就是变节接受伪官河南尹这一污点。于此关联的乱前履历也要掩盖，乱后履历也尽量模糊。一方面，因为正是在博陵太守任上被胁迫，并授予伪职，所以略去河北道博陵郡太守这一关键。另一方面，接受伪职并未为非作歹，所以又受到皇帝的褒奖，这点对墓主又非常荣耀，所以撰写者没有在履历中明确说明任何职，有何具体表现，只是笼统的予以说明。因为这一褒奖是在伪职任上事迹的结果。同理，此后安史乱后所授的官职也不能过于具体，否则同样会牵涉接受伪职这一污点，也就只好一笔带过。濮阳是河南道要地，后被改为岭南广州刺史实际就是贬官，接着又因贪污被贬为县尉，那更是非常耻辱的经历，自然也就不便再写进墓志了。由于其最终的官职只是一个县尉，九品小官，且是员外安置，也就是目前所谓的编外，自然不比往昔任州刺史的荣耀，所以正史并未为其立传，在回乡途中死于客舍，而非官舍，也就有了合理的解释。

四、张万顷的经历与著述

如前所考，墓主张万顷和安史之乱中的张万顷极有可能是同一个人。我们根据墓志和史料对其一生予以复原如下：

武则天垂拱二年（686年）生，曾祖为陈散骑常侍尚书仪曹郎张汾，祖父为隋建节校尉张长仁，父亲为唐临海县令张叔达，万顷排行第五。中宗神龙二年（706年），明经及第。此后任鄧县、襄阳县县尉，可能在此时参加吏部科目选书判拔萃，登科后被征为集贤院直学士，后又任内乡县、溧阳县令、义王掾太府丞、太子洗马等职，天宝六载（747年）还曾任河南法曹一职。安史乱前任定州博陵郡太守，乱发后，被胁迫至洛阳，（755年）任伪职河南府尹。至德二载（757年）洛阳收复，因保全宗室有功，被授予濮阳太守一职，再授颖泗刺史，（758年）再被远贬至广州，并兼任岭南营田判官，上元元年（760年）因贪赃枉法再次被贬为九品小官龙标县尉员外安置，公元762年去世。

《全唐诗》卷202存志主诗三首，分别是：《东谿待苏户曹不至》《登天目山下作》《送裴少府》；《全唐文》卷406存文一篇：《对举方正者判》。其中《登天目山下作》一诗可能就做于由广州赴巫州过浙江的途中，而《送裴少府》《待苏户曹》二诗，语气欢快，颇涉洛阳事地，故可能作于乱前河南任上。

（原发表为程义：《新出唐〈张万顷墓志〉考释》，《碑林集刊》第17辑，三秦出版社，2011年）

唐张万顷墓志补正及其遗物

拙文《张万顷墓志考释》写成后曾呈诸师友请益，有师友生以为这个张万顷可能不是安史之乱中全活宗室颇多的张万顷，而是另一位同名之人，后来也没再详查即刊出。[1]后偶与仇鹿鸣兄谈及，他发来两条资料，方恍然大悟，确非一人。这两条资料如下：

A.《全唐文作者小传正补》：《汇编续集》天宝〇〇五、《补遗》第三辑《唐故绛州龙门县尉严府君（仁）墓志铭并序》，天宝元年十二月"前邓州内乡县令吴郡张万顷撰，吴郡张旭书"。《全唐文补编》卷四〇《恒岳题名》，天宝四载十月十六日"博陵郡诸军事守（下缺）军使张万顷"题，此则其天宝元年至四载仕历。[2]

B.《全唐诗人名汇考》：《谢张法曹万顷小山暇景见忆》《旧唐书·杨慎矜传》："天宝六载十一月……二十五日，诏杨慎矜、慎余、慎名并赐自尽……使监察御史颜真卿送敕至东京，殿中侍御史崔寓引慎名，命河南法曹张万顷宣敕示之。"同书《肃宗纪》："（乾元元年十月己未）以濮州刺史张方须为广州都督、五府节度使。"《全唐文》卷三四一颜真卿《秘书省著作郎夔州都督府长史上护军颜公（勤礼）神道碑》云，颜颀"充张万顷岭南营田判官"。《册府元龟》卷七〇〇："张万顷为广州刺史，上元二年，以赃贬巫州龙溪县尉员外置。"知《旧纪》"方

［1］程义：《新出唐〈张万顷墓志〉考释》，《碑林集刊》2011 年第 17 辑。
［2］李德辉：《全唐文作者小传正补·卷四〇六·张万顷》，辽海出版社，2011 年，第 462 页。

须"乃"万顷"之讹。[1]

墓志云：自居于吴……不坠先范，能读诗书，年廿一，明经擢第，授越州酆县尉，转襄州襄阳县尉，征为集贤院学士，拜邓州内乡县令，改宣州溧阳县令，授义王府掾，转太府丞朝散大夫，太子洗马，又拜泗颍二州刺史，充本州防御使，又为元帅参谋。春秋七十有七，染疾而殁于越州之客舍。……既当冠难之时，乃有忠勤之效。想卿勉力，以副朕怀。……夫人吴县君，同郡陆氏。

原考释以为：张万顷曾为两州刺史，并且在安史之乱结束后受到皇帝的嘉奖，照理不应被史官忽略，在正史中应有一定的记载。循此思路在正史和《刺史考全编》中检索，果然有一张万顷。据郁贤皓先生考证，张万顷曾于天宝十四载（755年）安史之乱爆发前任博陵郡太守，十二月被安史集团任命为河南尹，至德二载（757年）收复东都，因张万顷安抚百姓，全活宗枝，而被肃宗褒奖，并授以濮阳太守，乾元元年（758年）改为广州都督，五府节度使，上元元年（760年）因贪污被贬为巫州龙标县尉员外安置。另据《旧唐书》卷105《杨慎矜传》，天宝六载（747年）张万顷为河南法曹。河南府法曹参军，正七品下。在同一时间段，同一事件中出现两个同名人物，这个概率非常低。因此，我认为这两人可能是同一个人。志主死于宝应元年（762年），享年77岁，推得志主生于垂拱二年（686年）。在安史之乱中有忠勤之效，受到了皇帝的嘉奖。但在安史之乱初期，志主到底有何表现，任何职，没有明确记载。在颍、泗刺史之后，又任何职？为何又死于越州客舍？墓志也未有明确交代。

因为这两个人时代基本一致，也都经历过安史之乱，活动轨迹也有重合，所以大家就将两个张万顷混为一谈，也就导致很多难以理解的问题。李德辉也犯了同样的错误，也把吴郡张万顷和博陵军使张万顷混为一谈了。原来志主是吴郡张万顷，任博陵郡太守的是安史之乱中全活宗室的张万顷。这个张万顷曾于天宝十四载（755年）安史之乱爆发前任博陵郡太守，十二月被安史集团任命为河南

---

[1] 陶敏：《全唐诗人名汇考·卷二三六－卷二三九·钱起》，辽海出版社，2006年，第422页。

尹，至德二载（757年）收复东都，因张万顷“安抚百姓，全活宗枝”，而被肃宗褒奖，并授以濮阳太守，乾元元年（758年）改为广州都督，五府节度使，上元元年（760年）因贪污被贬为巫州龙标县尉员外安置。另据《旧唐书》卷105《杨慎矜传》，天宝六载（747年）张万顷为河南法曹。另据颜真卿《颜勤礼碑》“颋，仁孝方正，明经大理司直，充张万顷岭南营田判官”，则张万顷例兼营田一职。志主张万顷则是吴郡张万顷，是《汇编续集》天宝〇〇五墓志的撰写人。在安史之乱中“有忠勤之效”，就是墓志中“拜泗颍二州刺史，充本州防御使，又为元帅参谋”这段经历。吴郡张万顷死于宝应元年，这时候正是广平王和郭子仪收复两京之际，他作为元帅参谋收到褒奖是应该的。唯一不解的是他为何死于越州官舍这一点，宝应元年他已经是77岁高龄，如果要回吴郡，沿运河水路即可到达。越州更在吴郡之南，所以死于越州官舍可能另有原因，但我们已无法考证了。

现在我们已经明白在安史之乱时期，有两个叫张万顷的人，并且都和安史之乱有关，一个是吴郡张万顷，一个是河南尹张万顷。吴郡张万顷就是志主，其经历如下：垂拱二年（686年）生，二十一岁明经及第，授鄮县尉——转襄阳尉——征为集贤院学士——天宝元年（742年）内乡县令——溧阳县令——义王府掾——太府丞——太子洗马——拜泗颍二州刺史，充本州防御使，又为元帅参谋——宝应元年（762年）卒；河南尹张万顷因为没有墓志出土，所以经历就不太清楚，简单勾勒如下：开元中进士——天宝四年（745年）博陵郡诸军事（据李德辉）——天宝六载（747年）河南法曹——天宝十四载（755年）博陵郡太守——天宝十四载十二月伪河南尹——至德二载（757年）濮阳太守——乾元元年（758年）广州刺史、都督，五府节度使，营田使——上元元年（760年）巫州龙标县尉员外安置……这里面有个比较奇怪的问题，如果按李德辉对恒岳题名的理解和补充，张万顷的题衔在745年已是博陵诸军事守□军使张万顷，而747年又成了正七品的河南法曹，755年又到了博陵郡。这显然有些不合理。查陈尚君《全唐文补编》卷四十，恒岳题名原文为“博陵郡诸军事守（下缺）军使张万顷。奉（下缺）四载十月十六日”，但李德辉径直不顾阙文，将其补为“天宝四年”。按照一般官员的迁转规律，恒岳题铭的年份应该补为天宝十四载，至少缺掉了"天宝十"三字。他估计是被叛军从博陵裹挟至东都洛阳，因为他曾担任过河南法曹对洛阳情况熟悉，所以被任命为河南尹。

《全唐诗》存张万顷诗三首：其一《东谿待苏户曹不至》"洛阳城东伊水西，千花万竹使人迷。台上柳枝临岸低，门前荷叶与桥齐。日暮待君君不见，长风吹雨过青谿"；其二《登天目山下作》"去岁离秦望，今冬使楚关。泪添天目水，发变海头山。别母乌南逝，辞兄雁北还。宦游偏不乐，长为忆慈颜"；其三《送裴少府》"夕膳望东周，晨装不少留。酒中同乐事，关外越离忧。座湿秦山雨，庭寒渭水秋。何当鹰隼击，来拂故林游"。三首是一人所做，还是分属两人，还是另有其人？作者到底是吴郡张万顷，还是另一个张万顷？根据这二人的仕宦经历分析，我觉得《登天目山》是墓主的可能比较大，因为他是吴郡人，死于越郡客舍，说明他对江浙一带比较熟悉。诗里提到秦、楚、天目山，适和他的一生经历有关。而《送裴少府》《东谿待苏户曹不至》，则是曾任伪河南尹的张万顷。洛城、东周都是东都洛阳的代称，河南尹张万顷两度为官洛阳，以诗文一派祥和的氛围推测，二诗均作于安史之乱以前。《全唐文》卷341所收《对举方正者判》之作者张万顷，应是墓主张万顷，可能是指"征为集贤院学士"一事。

因为吴郡张万顷墓是一个残墓，我馆工作人员赶到时只剩一个墓底了，所以没有详细的发掘记录，只抢救回了残留文物。为进一步深入，把该墓的遗物公布出来，如下：

陶俑共计约17件，均为红陶模制，细部二次刻画，可辨形制者有5件，分别是：1. 陶骆驼1件，残，长35厘米，高42厘米。双峰驼，头部高昂，作嘶鸣状，背部驮一囊，前腿根部有一圈凸起的毛，蹄足，长方形踏板（图一）；2. 幞头胡俑1件，脚部残，高41厘米。立姿，头略抬，双手捧于胸前，高鼻深目，大耳。戴高幞头，前倾，较浑圆，身穿圆领长衫，腰束带，衣纹刻画而成（图二）；3. 幞头胡俑1件，一足残损，高30厘米。立姿，双手捧于胸前，高鼻深目，大嘴。戴高幞头，分瓣明显，略前倾，身穿高领长衫，腰束带，衣纹刻画而成（图三）；4. 幞

图一　骆驼俑

图二　幞头胡俑

图三　幞头胡俑

图四　幞头翻领俑

头翻领俑1件，手部残，高30厘米。立姿，双手相叠置于身体左侧，高鼻深目，脸部圆浑。戴高幞头，前倾，身穿大翻领长衫，腰束带，衣纹深塑（图四）；5. 幞头男俑1件，残损严重，高约30厘米。立姿，双手捧于胸前，宽袍大袖，高鼻深目，幞头分瓣明显（图五）。其余12件陶俑，残损严重，已不可修复，仅仅可以看出大概轮廓，多为立姿男俑（图六、七、八）。

这批陶俑的形制和中原地区同期陶俑非常接近，应该是北方凶肆产品。特别是这批胡俑，应该是时代较晚的一批了。因胡人而起的安史之乱，对唐帝国造成了致命的打击，因此朝野对胡人态度急剧转变，胡风开始淡出，胡俑也就慢慢被汉人俑替代了。随葬俑群按照基本的组合规律，

图五　幞头男俑

图六　残男俑

图七　残俑

图八　残俑

至少应该还缺 4 件祖思祖明和当圹当野，也就是我们常见的镇墓兽和天王俑。张万顷曾任汝颍等州刺史，刺史是四品以上高官，他的葬事，在《丧葬令》里有明文规定。可惜唐令早亡佚，学者们努力恢复，基本恢复了相关条文。我依据文献和考古发现曾将《丧葬令诸明器条》复原为"诸明器，三品以上九十事，五品以上六十事，九品以上四十事。当圹、当野、祖明、【祖思】、诞马、偶人，其高【不过二尺余】；其余音声队与童仆之属，威仪服玩，各视生之品秩所有，以瓦木为之，其长率七寸"。[1] 据此，这个墓的陶俑应该是 60 件，目前仅残留一半，其立俑的高度均在 30 厘米左右，这个符合《通典》"四神驼马及人不得尺余"的记载。

补记：

胡可先大著《唐代诗人墓志汇编》（上海古籍出版社 2021 年）内收有张万顷墓

---

[1] 程义：《〈唐令丧葬令〉诸明器条复原的再探讨》，《中原文物》2012 年第 5 期。

志，叙录里提到拙文和李由大作，立即下载学习一遍，李由和我的考释结论基本一致，认为墓志主人为河南尹张万顷。

李由《盛唐诗人张万顷生平考释》(《北京师范大学学报》2014 年第 6 期)，在第三节《几个尚待证实问题》里提到：盛唐有两位张万顷，一为曾任河南尹、广州都督的张万顷；一为吴郡张万顷，抑或墓志有意缺省了张万顷陷贼事贼这一有玷志行的经历？比较而言，前一种可能性史无佐证且无人辩证，概率极低，后一种可能性应当很高。李由已经检索到了严仁墓志的作者为吴郡张万顷，也怀疑是两人，但和我的初考一样未再深入探究。

我在《张万顷墓志补正》一文中更新了认识：我们已经明白在安史之乱时期，有两个叫张万顷的人，并且都和安史之乱有关，一个是吴郡张万顷，一个是河南尹张万顷。吴郡张万顷就是志主，其经历如下：垂拱二年（686 年）生，二十一岁明经及第，授鄭县尉——转襄阳尉——征为集贤院学士——（天宝元年，742 年）内乡县令——溧阳县令——义王府掾——太府丞——太子洗马——拜泗颍二州刺史，充本州防御使，又为元帅参谋——宝应元年（762 年）卒；河南尹张万顷因为没有墓志出土，所以经历就不太清楚，简单勾勒如下：开元中进士——天宝四年（745年）博陵郡诸军事（据李德辉）——天宝六载（747 年）河南法曹——天宝十四载（755 年）博陵郡太守——天宝十四载十二月伪河南尹——至德二载（757 年）濮阳太守——乾元元年（758 年）广州刺史、都督，五府节度使，营田使——上元元年（760 年）巫州龙标县尉员外安置……

全唐诗收张万顷诗三首，是一人所做，还是分属两人，还是另有其人？作者到底是吴郡张万顷，还是另一个张万顷？根据这二人的仕宦经历分析，我觉得《登天目山》是墓主的可能比较大，因为他是吴郡人，死于越郡客舍，说明他对江浙一带比较熟悉。诗里提到秦、楚、天目山，适和他的一生经历有关。而《送裴少府》《东溪待苏户曹不至》，则是曾任伪河南尹的张万顷。洛城、东周都是东都洛阳的代称，河南尹张万顷两度为官洛阳，以诗文一派祥和的氛围推测，二诗均作于安史之乱以前。《全唐文》卷 341 所收《对举方正者判》之作者张万顷，应是墓主张万顷，可能是指"征为集贤院学士"一事。

现在看来确实是两个张万顷,《唐代诗人墓志汇编》应该予以说明。

（原发表为程义、姚晨辰:《唐张万顷墓志补正及其遗物》,《苏州文博论丛》总第 11 辑,文物出版社, 2021 年）

宋胡献卿墓志考释

胡献卿墓志 1976 年出土于虎丘窑厂，该墓为土坑夫妇合葬墓，砖室浇浆，长 2.35、宽 1.82 米，棺已朽。出土金银器、瓷器、钱币、砚台等文物多达 80 余件，惜多残破。据墓志知墓主胡献卿（987－1062 年），字谔谔，大中祥符八年（公元 1015 年）进士，官至职方员外郎。志、盖齐全，均为长方形，长 75 厘米、宽 85 厘米、厚 12 厘米。盝顶，盖已裂为两半。志盖阴文篆书，三行。志石边刻卷草纹，前两行残泐严重，第二行仅能辨明"奉直郎守太"等字，应是墓志的名称和墓志撰写人的官衔和名字。志盖谢晔篆，志文郑民表书，沈琮刊，志文楷书，共 34 行，满行 29 字，字数不等（图一、二）。志文详细记叙了胡献卿的世系、历官等等内容，是研究宋代苏州的珍贵资料，也可补充《宋登科记考》祥符八年胡献卿小传的内容。因此志从未著录过，所以先按原石行款录文如下：

1.（残）

2. 奉直郎守太

3. 朝奉郎尚书都官员外郎通判秀州军州兼管内堤堰桥道劝农事轻车都尉赐谢晔书

4. 宣德郎守大理寺丞新差知大名府永济县事郑民表篆盖

5. 公讳献卿字谔谔，其先青社人也，唐末有官于吴者，子孙遂家焉，今为吴人。

6. 率府率讳邠，公之曾祖也。司门郎中讳承衮，公之祖也。

7. 赠尚书工部侍郎讳穀，公之父也。侍郎生三子，公居其长。祥

8. 符八年举进士，廷试中乙科，得江宁府左狱掾。未几，丁母忧，服除，调汝

图一　胡献卿墓志

图二　胡献卿墓志盖

9. 州团练推官，以亲嫌，易温州，又吉州，三司使举，由保信军节幕，监

10. 楚之酒务、茶场，又威武军掌书记，代还引对，改太子中允赐绯衣银鱼

11. 迁太常丞博士，入尚书省为屯田、都官、职方三员外郎。始公出铨调，当

12. 适远官，以其亲蒿葬于吴，不忍邈去，愿求便乡，得请于上，遂，继监苏、杨、

13. 娶三州酒税，及移县，得简之阳安。范文正公以公家甚贫，艰于趋陆，

14. 奏改知容州，恳辞不往，复监苏之粮料。庞丞相又言，公廉清退静，

15. 白首无易，即除签署宁海军判官，罢至苏，慨然有休官之意，谢还章绶，退卜

16. 居第，构小阁于西偏，署曰巢楼，陶渊明自谓羲皇上人，公得之矣。自是

17. 放怀优游者几十年，晚岁尤好老氏清静无为之说，治家以约素，然闻亲戚

18. 之贫悴，则出力赒之。族中之丧有不举者七人，公为营窆，其所为多此

19. 类。嘉祐七年十一月初十日以疾终于私第，享年七十有九。有文集十五卷

20. 藏于家。雅好读书，疾病尚执卷以玩，又善行草分篆，多得其法。娶杜氏，封金

21. 华县君，先公一年而亡，以八年二月二十四日葬公于先茔，以金

22. 华之域祔之。四男长曰安期，前湖州武康县尉，次曰安辞、安常、安道，皆

23. 力学，举进士。一女适虔州观察支使赵孝基，孙平一而下，男女十三人。

24. 公博学有气节，在童幼时即如成人，既长，诣天府应书，奏名第三，春官

25. 覆试，复在高选。故当时声名耸动都下。其历官人皆称为能。自

26. 范诸公交章论荐者五十余人。然公性恬退，不乐于众竞进，虽官

27. 序迁而职任不显，故平时所存无所施于世，以致终老其命也。夫之奇欤？

28. 公为父执，有同退居里中，日相从游，故得公行实为详。葬有日，其

29. 孤以状来乞铭，不敢固让，铭曰：

30. 处身不失于义，能率乎性

31. 有才而不急进，能达乎命

166

32. 中则以介、处不为竞

33. 是为作铭，为后之证

34. 沈琮刊

一、相关词汇的考释

以下按原文出现的次序略考如下，以利于大家利用该墓志。

3 行：都官，官名，属刑部，其属三：曰都官，曰比部，曰司门。设官十有三：尚书一人，侍郎二人，郎中、员外郎，刑部各二人，都官、比部、司门各一人。员外郎，赤令，三十千；丞，十五千。通判，官名，宋初惩五代藩镇之弊，乾德初，下湖南，始置诸州通判，命刑部郎中贾玭等充。建隆四年，诏知府公事并须长吏、通判签议连书，方许行下。时大郡置二员。余置一员。州不及万户不置，武臣知州，小郡亦特置焉。其广南小州，有试秩通判兼知州者，职掌倅贰郡政，凡兵民、钱谷、户口、赋役、狱讼听断之事，可否裁决，与守臣通签书施行。所部官有善否及职事修废，得刺举以闻。元祐元年，诏知州系帅臣，其将下公事不许通判同管。[1] 嘉兴府，本秀州，军事。政和七年，赐郡名曰嘉禾。庆元元年，以孝宗所生之地，升府。嘉定元年，升嘉兴军节度。县四：嘉兴，（望）华亭，（紧）海盐。（上，有盐监，沙腰、芦沥二盐场）崇德。[2]（中）军州，宋代将州分为很多等级，称为州格，此为州格名，六等之末，军事州的简称。宋代的州县长官以及路级的转运使、提点刑狱等都以"劝农"入衔。转运使、提点刑狱、一定级别的知州带"劝农使"衔，通判等带"劝农事"衔，知县带"劝农公事"衔。[3] 轻车都尉，勋级，

---

[1] 脱脱：《宋史》卷 167，中华书局，1977 年，第 2177 页。
[2] 脱脱：《宋史》卷 163，中华书局，1977 年，第 3838 页。
[3] 耿元骊：《宋代劝农职衔研究》，《中国社会经济史研究》2007 年第 1 期。

第十二转之第六，从四品。[1]"赐"字下面应该还有一些头衔，鉴于空间有限所以未有全写，仅留一赐字。

4 行：宣德郎，文散官，正七品，宣教郎，旧宣德郎，政和四年改。守：宋以寄禄官定官员等级，以职事官定其实际执掌。凡所任职事官高于寄禄官一品称守某官。大名府，魏郡。今河北大名一带。郑民表《宋史》无传，王安石有《郑民表韩烨大理寺丞制》。

8 行：胡献卿和范仲淹同年举进士，[2]范也是祥符八年蔡齐科。秀才之科久废，而明经虽有甲、乙、丙、丁四科，进士则甲、乙二科。自武德以来，明经唯有丁第，进士唯有乙科而已。进士大抵千人得第者百一二，明经倍之，得第者十一二。[3]所以此处所言乙科即为进士之最高等级。左狱掾，宋代官名。隋置狱掾八人。历代并以卑微士为之。皇朝置四人，以流外入仕者为之。宋因之，改分左右。据此，知宋代此官亦有以士人充当者。团练，官名，为团练使之简称，正任武阶，位在防御使之下，刺史之上，无定员，元丰后从五品。

9 行：推官，即推鞫之官，掌案件调查，唐代即置，宋因之。团练推官：幕职官名、阶官名。元丰新制从八品。三司使举，推荐官员的一种途径。宋初即规定在京常参官要向朝廷举保一定的外任官员。三司使副举在京掌事京朝官、使臣。凡被举者，中书岁置二籍，疏其名衔，下列历任功过、举主姓名及荐举数。一以留中书，一以五月一日进内。明年，籍内仍计向来功过及举主数，使臣即枢密院置籍。[4]保信军节度在庐州。

10 行：酒务、茶场均为监当官名，掌管榷酒榷茶之课利。威武军节度在福州。[5]掌书记，节度掌书记之简称，幕职官名、阶官名，从八品，掌文书使印等。太常博

[1] 脱脱：《宋史》卷 163，中华书局，1977 年，第 2177 页。
[2] 《吴郡志》卷 28，中华书局，1977 年，第 398 页。
[3] 马端临：《文献通考》卷 29·选举考二。
[4] 脱脱：《宋史》卷 160，中华书局，1977 年，第 3742 页。
[5] 脱脱：《宋史》卷 89，中华书局，1977 年，第 2207 页。

士、陵台令元祐中增置。[1]凡改官，留守、两府、两使判官，进士授太常丞。[2]

11行：屯田郎中、员外郎，掌屯田、营田、职田、学田、官庄之政令，及其租入、种刈、兴修、给纳之事。都官郎中、员外郎掌徒流、配隶、凡天下役人与在京百司吏职皆有籍，以考其役放及增损废置之数。职方郎中、员外郎掌天下图籍，以周知方域之广袤，及郡邑、镇砦道里之远近。凡土地所产，风俗所尚，具古今兴废之因，州为之籍，遇闰岁造图以进。[3]

13行：简州属成都府路，下，阳安郡，军事。县二：阳安（上）、平泉（中）。今四川简阳一带。[4]范公，即范仲淹，和胡献卿同乡，且同年举进士。

14行：容州，地名，即广南西路容州，普宁郡，宁远军节度。今广西容县附近。[5]监苏之粮料，监当官名，掌领所在州府军监粮料院，依法式支付文武官吏月俸，凭券如数发给。此处苏即为苏州。庞公即庞籍，和范仲淹友善，宋史卷311有传。

15行：镇海军，军镇名。太宗淳化五年十月乙巳，杭州镇海军为宁海军。[6]

19行：《胡献卿集》不见于《宋史》艺文志，当无传本。

22行：武康县，原属杭州，太平兴国三年割属湖州，为上县。[7]

21行：县君，命妇称号。司业、郎中、京府少尹、赤县令、少詹事、谕德、将军、刺史、下都督、下都护、家令、率更令、仆，母封县太君；妻，县君。其余升朝官已上遇恩，并母封县太君；妻，县君。[8]政和三年后改为宜人、安人、孺人。

23行：虔州，属江南西路，亦即赣州，上。本虔州，南康郡，昭信军节度。[9]

［1］脱脱：《宋史》卷168，中华书局，1977年，第3994页。
［2］脱脱：《宋史》卷15，中华书局，1977年，第3694页。
［3］脱脱：《宋史》卷163，中华书局，1977年，第3858页。
［4］脱脱：《宋史》卷89，中华书局，1977年，第2213页。
［5］脱脱：《宋史》卷90，中华书局，1977年，第2239页。
［6］脱脱：《宋史》卷47，中华书局，1977年，第96页。
［7］脱脱：《宋史》卷88，中华书局，1977年，第2175页。
［8］脱脱：《宋史》卷170，中华书局，1977年，第3866页。
［9］脱脱：《宋史》卷88，中华书局，1977年，第2189页。

支使，幕职官，凡节度推、判官从军额，察推及支使从州、府名。凡诸州减罢通判处，则升判官为签判以兼之。小郡推、判官不并置，或以判官兼司法，或以推官兼支使，亦有并判官窠阙省罢。[1]

24行：唐代曾称礼部为春官，掌管选举，此后即以春官为礼部的代称。

34行：沈琮，不见于曾毅公《石刻考工录》，亦不见于程章灿《石刻刻工研究·考工录续录》，可补曾、程二书，然有刻工沈璠，似为兄弟，待考。

二、墓主的历官与交游

胡献卿，死于嘉祐七年，即1062年，享年79岁，据此可以推定胡氏生于984年，雍熙元年。祥符八年和同乡范仲淹同科（1015年）举进士，是年31岁。这一年范仲淹27岁，甲第97名举进士。同年单州成武县（今山东成武县）庞籍也同科举进士。按宋代规定，进士及第即可授予官职，不像唐代还需守选3年，所以他就被授予江宁府左狱掾。狱掾，据《通典·职官典》记载："历代并以卑微士为之。皇朝（唐）置四人，以流外入仕者为之。"宋代却以进士及第者为之，因此唐宋对此官的态度迥异，以致有"（侯）陟叱之曰：年未三十，安可任此官（狱掾）"[2]的责问。范仲淹、庞籍分授广德军、黄州司理参军（幕职从八品下）。[3]不久母亲去世，去官守孝，期满任汝州团练推官，因为避嫌，改温州、吉州等地团练使推官。参加三司使举，入庐州保信军节度使幕府，监楚州酒场、茶场务。按宋代规定"凡流外人，三任七考，有举者六员，移县令、通判；有班行举者三员，与磨勘"。[4]此即所谓移县，考满移县，即入流，被授予简州阳安县令。如果按此推算，这年胡

---

[1] 脱脱：《宋史》卷167，中华书局，1977年，第3975页。
[2] 脱脱：《宋史》卷255，中华书局，1977年，第9455页。
[3] 龚延明、祖慧：《宋登科记考》卷3，祥符八年，江苏教育出版社，2005年，第108页。
[4] 脱脱：《宋史》卷158，中华书局，1977年，第3695页。

氏至少在 41 岁以上，即仁宗年间。此时，范仲淹已迁大理寺丞，所以得以为其开脱，以家贫为由改知容州。容州实际上还是偏远之地，又改监苏州粮料。此后庞籍亦为宰执，在他的帮助下，胡献卿被授予杭州宁海军判官。军判官，幕职官，北宋亦作为选人阶官，属初等官资，第四阶。元丰新制为正九品。[1]此后，绝意仕途，居苏州城西，十年余而卒。

三、胡献卿的世系

胡氏先祖在唐末来到苏州，后即定居于此，曾祖胡邠，祖父胡承衮，父胡穀，皆不见于史籍。生子四人，长曰安期，次曰安辞、安常、安道。四子皆举进士。此四人登科当在嘉祐七年（1062 年）前，如以胡氏 20 岁得子，子 20 岁后登科，则至少在 1024 年，即仁宗天圣元年以后，然不见于《宋登科记考》，据此志可补。女一人，嫁虔州观察支使赵孝基。

（原发表为程义：《宋胡献卿墓志考释》，《苏州文博论丛》总第 1 辑，文物出版社，2010 年）

---

[1] 龚延明：《宋代官制辞典》，军判官条，中华书局，1997 年，第 544 页。

苏州博物馆藏宋代道士景祥墓志考释

我们在整理本馆石刻资料时发现一方道士墓志，录文后发现此志涉及道教人物颇多，具有一定的研究价值。故不揣浅陋，将其整理出来，[1] 并对其内容做了简单的考释，以供同好进一步探讨，不足之处，祈请指正为盼。

该墓志共 25 行，行 28–30 字不等，行书。志石青石质，长 73 厘米、宽 67 厘米，盖已佚（图一）。云篆首题：宋上清大洞法师周容迁祔记，志文如下（方框为缺字，框内为补字，"/"表示分行）：

法师讳景祥，字子休，吴郡人，家世不仕。幼警悟，喜读书，好黄老之学，不耐浮 / 法 。从天庆观道士徐希声，请隶道士籍。以华阳洞天三茅二许，芳烈具存，自 / □得道于是者，代有其人。又闻靖一刘先生隐居积金峰，道行峻异，远迩钦 / 服，称大道之宗师。法师束书负琴，趋华阳，师事靖一，执弟子礼，传授经篆符 /：咒之法，辟谷道引之术，无不通。居二十年，勤若一日。先生告之曰：玄珠非吃 / □□，玄道惟精成可致，今授之以予心守一之道，曰混元皇帝西升传尹 / 真人，止此有大道，□□好径者失之。法师守其言，终身不废。元符间，/ 哲宗皇帝在宥天下，搜求道术之士。首召靖一先生徕京师。法师从靖 / 一入见□□□。大观二年，师住平江府天宁万寿观，以创建劳赐真观 / 师。以政和七年 / 道君皇帝召天下有道之士赴阙，法师亦预是选。既至，赐金方符 / □左术□□□其志也。力请还

---

[1] 苏州博物馆编著：《苏州博物馆藏历代碑志》，文物出版社，2012 年，第 47–48 页。

图一

乡，朝廷从之。因赐缗钱，命修所居 / 观 琼峰 、□庆二殿，以宠其归。法师故庐
有林泉之趣，列群峰，凿方池，松 / 竹□□流并出□□之修然。终日平居，颇留意
神仙治炼之法，黄冠草屦，游 / 戏于药炉丹灶之间。治之厌倦，复从虚靖天师，授
上清毕法手抄众真秘书 / 诀□。盈满箱笥，朝□斋祭。虽大寒暑，不少懈。前此吾
乡指道家者流，为五斗 / 米法，而不知敬法师。与柳谷陈先生游三茅，得靖一冲隐

之妙道兼符祝章 / 奏，救疾厄禳其祸。乡人翕然宗之，敬且信矣。三吴道教之盛，实自二公始云。/ 戊申春，忽语弟子周良臣曰：吾久厌人间世，当求早归真宅。又曰：洞庭西山 / 以避世而栖神，吾亟往矣。一日，忽索炉香而逝，支躯柔和，形色不变，考传 / 验图，有蜕解之证。法师享年七十有四，建炎二年六月二十日也。以是年八 / 月初八日封窆于郡之长洲县金鹅乡，祖师之茔。弟子四人：周良臣、冯良佐、/ 陈保寿、俞良辅。予栖游山林，放浪江湖，往来华阳林屋之间，从方外道人游 / 为不少。惟法师与于情好不浅浅，及其云云。葬既有日，因为录其陈迹，以为 / 之记。吴郡丁涛述，/ 唐英刻。

该墓志首题"宋上清大洞法师周容迁祔记"，所用字体似篆非篆，和普通字书有异，即所谓云篆。这种字体是道教徒使用的一种文字，笔画多弯曲。《云笈七签》云"篆者，撰也，撰集云书，谓之云篆"。[1]这种字其实是按篆书，或者是异体加以转化而来，首题诸字和通行篆书较为接近，唯"周"字采用"古文"写法。[2]周容，《离骚》有"背绳墨以追曲兮，竞周容以为度"，李善注云："周，合也。度，法也。"在这里是对法师去世的委婉说法，当然也有一种可能是人名，即法师姓周名容。上清，即上清派，道教派别之一。以东晋杨羲《上清大洞真经》为主修，以存思为主，不主金丹和符箓。杨羲传许谧、许翙父子，奉魏华存为祖师。南朝齐梁时陶弘景在茅山修道，并传授弟子，故又称茅山派。隋唐宋时期，与天师道、灵宝各派并行于世，至元代归并于正一派。

天庆观，苏州道观名，在县西南一百五十步，唐开元中为开元观，宋至道中改为玉清道观，大中祥符二年改今额，大元贞元元年改玄妙观。[3]唐置，为开元宫，孙儒之乱四面皆为煨烬，唯三门正殿存焉，祥符中改为天庆观。

道士籍，即道籍，是指专门记载道士户口的户籍。早在三张时期就有三会日申

---

［1］ 张君房：《云笈七签》卷七，中华书局，2010年，第112页。
［2］ 此字据《古文四声韵》卷二，当为"周"字，自注出处"说文"，中华书局，2010年，影印本。
［3］ 陆广微：《吴地记》，江苏古籍出版社，1999年，第135页；朱长文：《吴郡图经续记》，江苏古籍出版社，1999年，第27页。

报家口的教规，此后逐渐严格。政府为了控制宗教，就规定入道入佛必须取得政府的同意，有政府度牒的僧侣才能取得相应特权。最早可能是模仿僧籍而来，唐代已明确有道籍。[1]

华阳洞在茅山。据元代刘大彬编撰的《茅山志》记载，华阳洞共有东、西、南、北（南分二口）五个洞，深约数百里；《洞天福地·天地宫府图》载其为中国道教十大洞天之中的"第八洞天"，名曰"金坛华阳洞天"。[2]

三茅指三茅真君，为汉代修道成仙的茅盈、茅固、茅衷三兄弟，是道教茅山派的祖师。道教称他们为大茅君茅盈、中茅君茅固和三茅君茅衷。[3]

二许，即东晋许谧、许翙父子，其事迹见陶弘景撰《上清真人许长史旧馆坛碑》。[4]许谧（305–376年），一名穆，字思玄。东晋时丹阳句容（今属江苏）人。许迈第五弟。年少知名，博学有才章，儒雅清素，与时贤多所交往。少仕郡主簿功曹史，选补太学博士，出为余姚令，后为尚书郎，官至散骑常侍。其虽外混俗务，而内修真学，行上道，后归隐茅山。梁高祖为其别立祠真馆，本宅立为宗阳观，后改名紫阳观。宋宣和间敕封为"太元广德真人"。道教中尊为上清真人，上清派第三代宗师。[5]许翙，字道翔，小名玉斧。东晋时丹阳句容人。许穆之子。《真浩》《玄品录》载：幼有珪璋摄挺，清秀莹洁。郡举上计椽、主簿，皆不赴。师事杨羲，居雷平山，传三天正法、曲素凤文。修业精勤，恒愿早游洞室，辞家居方隅山方原馆，得司录茅君授其上道，修上清道法。卒后称"上清仙公"，道官阶位上相帝晨。宋宣和年间封"混化元一真人"。后被尊为上清派第四代宗师。[6]

刘混康（1036–1108年），北宋著名道士，一字志通，人称"华阳先生"，上清

［1］可参见王永平：《论唐代的道教管理制度》，《山西师范大学学报》2002年第1期。

［2］参见《茅山志》卷六，《正统道藏》第五册，第586页。

［3］参见《茅山志》卷五，《正统道藏》第五册，第575–576页。

［4］陈垣：《道家金石略》，文物出版社，1986年，第18–20页。

［5］钟肇鹏：《道教小词典》，上海辞书出版社，2010年，第32页；另可参见《茅山志卷》10，《正统道藏》第五册，第599页，《历世真仙体道通鉴》卷21，第223页。

［6］胡孚琛：《中华道教大辞典》，中国社会科学出版社，1995年，第83页；另可参见《茅山志卷》10，《正统道藏》第五册，第599页。

派第二十五代宗师。晋陵（今江苏常州）人。传言其母因梦羽士入室而生混康，年十三即入泰和观学道。宋仁宗嘉祐五年（1060年），经考试录为道士。闻三茅道士毛奉柔有道，于是前往茅山拜其为师，得授"大洞经箓"等上清经法。刘混康精志为行，修之成道，颇有智识，凡施符祈祷，役使鬼神，治疾禳灾，无不灵验。宋哲宗元祐元年（1086年），太后孟氏误吞针入喉，"医莫能出"，混康以高道之名被召入宫，化符进奏，太后服即呕吐，"针刺符上"，宫中皆称神奇。哲宗因之赐号洞元通妙先生，住持上清储祥宫。绍圣四年（1097年），敕其所居潜神庵为元符观。刘混康执掌茅山、龙虎山、阁皂山符箓，三山鼎峙，辅化皇图。宋徽宗即位，初无子，混康教以"广嗣之法"，始生子。故徽宗对刘混康甚为宠信。赐以九老仙都君玉印、剑及田产财物，赐号葆真观妙冲和先生，先后予之敕书及赠诗七十余次，并多次向其索取"灵丹""仙饵""伤风符""镇心压惊符"等，甚为时所重。刘混康尝荐无锡县灿山朝阳观等于朝廷，因得赐额。混康晚住茅山元符万宁宫，及卒，赐太中大夫，谥静一先生。[1]

积金峰，位于大茅峰和二茅峰之间，海拔271.5米。因山上树木花草繁茂，深秋黄叶红叶相间，远眺犹如黄金覆盖，故名积金峰。峰上连石纵横，犹如遍地积金，也是积金峰名来源之一。清代胡虞允在题《积金峰》诗中说："万仞嶙岩紫翠林，三峰队里矗高岑，中天不断山浮玉，叠石浑疑地积金。"元符万宁宫在积金峰之南。[2]

宗师是非天师道宗派教尊的称呼，天师道称其教尊为天师，其他宗派不得以天师称呼。如：上（元世祖）命公（张留孙）称天师，公言："天师嗣汉张陵，有世系，非臣所当为。"[3]

混元皇帝，即太上老君。《云笈七签》记载："太上老君者，混元皇帝也，乃生

---

［1］胡孚琛：《中华道教大辞典》，中国社会科学出版社，1995年，第485页；另参见《茅山志》卷1，《正统道藏》第五册，第551-554页。

［2］《茅山志》卷六，《正统道藏》第五册，第583页。

［3］《张宗师墓志铭》见《道家金石略》，第926页。

于无始，起于无因，万道之先，元气之祖也。"[1]

尹真人又称文始真人，一说他是周至县龙乡闻仙里（今陕西周至县）人，或说他是天水（今甘肃天水市）人，姓尹名喜，字公度，周康工拜为大夫，为函谷关守令。他在住处结草为楼，每日登草楼观星望气，因而得名"草楼观"（唐时称古楼观或楼观）。一日见紫气东来甲占星西行，预感必有先圣经过，于是前往，迎老子来到楼观，执弟子礼，请求至道，老子遂以《道德五千言》授之，并说：千日之后，寻我于蜀中青羊之肆。至期前往，果然见到，后与老子俱游流沙，莫知所终。尹喜成道后号"文始先生"，证位为"无上真人"，受职为"玉清上相"，为天府四相之一。《文始经》亦名《关尹子》，传为尹喜所著。[2]

宋哲宗赵煦（1077-1100 年），北宋第七位皇帝（1085-1100 年在位），是宋神宗第六子。

"在""搜"二字原石已泐，据《冲隐先生墓志铭》校补。该墓志此句同此完全相同。[3]

绍兴九年八月圣旨诸路天宁万寿观皆以报恩光孝寺，专充追徽宗皇帝道场，其曾经烧毁去处州县不得因今来指挥辄兴工役，本观愿自修者听。[4]辛未改天宁万寿宫为神霄玉清万寿宫；[5]蔡京以圣节甫近，令诸州置寺从之，寻又命节镇置观，及至政和初寺观并为天宁万寿观，寻又改为神霄玉清万寿观。[6]即《吴地记后集》所载之万寿禅院。万寿禅院，在县东南一里半。梁为安国禅院，唐长寿二年改为长寿院。乾祐元年重修。祥符三年，改今额。《吴县志》载：在府治东北，晋义熙中西域僧法惜建，初为净寿院。梁改安国，唐长寿二年改长寿。吴越废，祥符中丁谓请赐今额，崇宁中诏加崇宁，寻又改天宁，时以为祝寿道场，后即为荐

[1] 张君房：《云笈七签》卷 102，中华书局，2003 年，第 2204 页。
[2] 胡孚琛：《中华道教大辞典》，中国社会科学出版社，1995 年，第 333 页；另可参见《列仙传》卷上，《正统道藏》第五册，第 65-67 页。
[3]《冲隐先生墓志铭》见《道家金石略》，第 322-323 页。
[4]《景定建康志》卷 45《祠祀志·天庆观》，四库全书·史部地理类·都会郡县之属。
[5] 脱脱：《宋史》卷 21，中华书局，1977 年，第 397 页。
[6] 陈均：《九朝编年备要》卷 26，四库全书·史部编年类。

严之地。绍兴中改报恩光孝禅寺，元末兵毁，明洪武间重建，嘉靖二年巡抚舒汀改为长洲县学。[1]

道君皇帝即宋徽宗（1101-1125年在位），庚申徽宗皇帝诏皇太子嗣位，自称道君皇帝。[2]

虚靖天师即第三十代天师张继先（1092-1128年），字嘉闻，又字道正，号修然子。乃二十七代象中之曾孙，祖敦信，父处仁曾仕宋为临川知县。生于元祐七年（1092年）十月二十日，五岁时，尚不能言，一日闻鸡鸣忽笑赋曰："灵鸡有五德，冠距不离身，五更张大口，唤醒梦中人。"九岁嗣教，宋徽宗崇宁以来四召赴阙，问以道法异同和修丹之要。答曰：道体法用，体用一源。劝徽宗勿嗜丹术，当清静治国，于京建坛传授经箓，演法讲说道妙。崇宁四年尝于内廷建醮，喻奏以"赤马红羊"之兆，劝君修德治国以备乱。赐号为虚靖先生，视秩中散大夫，并赐以铸造的老君、汉天师像，修龙虎山宫宇。钦宗时，又诏赴阙，行至泗州解化，年三十六岁，但后绍兴辛酉年（1141年），道士萨守坚游青城，又遇见天师于峡口，授以符法。曾著有《虚靖真君语录》七卷和《明真破妄章颂》传世。其中《心说》《大道歌》《虚空歌》等著作为后人言诵。藐视林灵素之流以方伎取宠。元武宗时，赠"靖玄通弘悟真君"。[3]

陈先生即刘混康弟子陈希微，陈政和八年从刘学道于茅山柳谷。希微，字彦真，先名伯雄。初未出家，宋哲宗元祐时，因得疾而前往茅山，向刘静一求符水，及下山，忽觉头晕目眩，无法行走，乃据石大呕，其病随即痊愈。于是，希微决意入道，离尘脱俗，筑室于柳研泉旁，静心修炼。宋徽宗闻其名，屡召之，而陈希微概不赴命，但仍得赐号"洞微法师"，且名其居所曰"抱元观"。[4]

[1] 陆广微撰，曹林娣校注：《吴地记》，江苏古籍出版社，1999年，第193页注。即今平江路和干将路交会处，平江图标为光孝寺。
[2] 脱脱：《宋史》卷23，中华书局，1977年，第421页。
[3] 张继禹：《天师道史略》，华文出版社，1990年，第196页。
[4] 胡孚琛：《中华道教大辞典》，中国社会科学出版社，1995年，第602页；另参见《茅山志》卷17，《正统道藏》第五册，第625-626页。

五斗米法，即五斗米道，亦称米道，米巫，中国早期道家派别之一。东汉顺帝时由张陵创建于四川鹤鸣山，因入教者需出五斗米而得名。又因道教徒尊称张陵为天师，故又称天师道。南北朝时期寇谦之和陆修静分别创立了北天师道和南天师道。唐宋以来，逐渐与上清、灵宝等派别合流，元以后统称正一道。[1] 五斗米道大约在晋武帝平吴以后，经东晋南朝时迅速传播并发展起来。[2]

蜕解即尸解，道教称死亡为尸解。《太极真人飞仙宝剑上经叙》："夫尸解者，尸形之化也，本真之炼蜕也，躯质遁变也，五属之隐适也。"[3]

长洲县十九都有金鹅都，[4] 据《宋平江城坊考》，金鹅乡厉坛在齐门市桥浜北禅寺西首，清代此地名依旧，有清大学士徐允文墓，在虎丘后黄土桥金鹅乡十五都西七图迓字圩。[5]

概言之，景祥法师生于北宋皇祐六年（1054年），卒于南宋建炎二年，享年74岁。在苏州天庆观出家，从陈希声道士学道，后到茅山拜于刘混康门下，并随刘一起应宋哲宗的招徕，赴京师汴梁，后返回苏州万寿观。徽宗政和七年再次赴阙，力请还乡，后再从张继先天师修道，并得到陈希微的指导。此人事迹不见于正史和地志文献，但志文中所涉及内容可补史、志之不足。

（原发表为程义：《苏州博物馆藏宋代道士〈景祥墓志〉释读》，《碑林集刊》第十九辑，三秦出版社，2013年）

［1］钟肇鹏：《道教小词典》，上海辞书出版社，2010年，第5-6页；卿希泰、唐大潮：《道教史》，江苏人民出版社，2006年，第33-34页。
［2］赵亮等：《苏州道教史略》第一章第一节，特别是23页，华文出版社，1994年。
［3］张君房：《云笈七笺》，中华书局，2003年，第1901页。
［4］陆广微：《吴地记后集》，江苏古籍出版社，1999年，第115页。
［5］王謇：《宋平江城坊考》，江苏古籍出版社，1999年，第288页。黄土桥即今相城区黄桥街道。

佛道之义

跋苏州博物馆藏二种《佛顶尊胜陀罗尼》经幢

苏州博物馆历年发掘和收集石刻颇多,重要者已结集为《苏州博物馆藏历代碑志》[1]一书出版。该书将石刻做了录文和简单的描述,现择其中二种有关佛教之石刻略做疏解,以资参考。

一、二件石幢的基本信息

一件完整的经幢通常由幢座、幢身、幢顶三部分构成。石幢兴起之初,造型为棱柱形,以八面形为主,也有六面形、四面形。起初经幢的样式比较简单,多为单层,少有装饰,也比较矮小,高度多在两三米以下。唐代中期,特别是宣宗以后,佛教真言宗的影响日益扩大,经幢建造在寺院和民间流行,且种类、形式、质地多样,其中石幢最为常见。经幢层数渐多,雕饰繁丽,下施须弥座,上加华盖,高度多达四五米。五代之后,经幢的造型逐渐复杂变化起来。到了宋朝,经幢造型日渐趋于华丽、考究,幢座建成须弥座,幢身开始分级。整个幢体也骤然提高了许多,达到十几米的高度。同时,各级之间安置华盖,莲花座平台,围镂空栏板,幢顶增设桃形宝珠或仰莲托珠以及宝葫芦等式样,各构件间以榫卯连接。年代愈晚高度愈

---

[1] 苏州博物馆编:《苏州博物馆藏历代碑志》,文物出版社,2012年。

高，装饰也更加华丽。但随着时代的推移，经幢多遭损毁，幢身因其体量巨大，且多有文字而被收藏保存。苏州博物馆所藏二件经幢均为残存之幢身：

其一，唐广明元年（880年）佛顶尊胜陀罗尼经幢，高31厘米，八面合计宽约72厘米，上下各有榫卯。八面均有文字，文字为楷书。经文六面，每面四行，造幢记两面，行十余字不等。首题：□□莎婆诃□/佛顶尊胜陀罗尼咒。后即为造幢记，其文曰"时广明元年太岁庚子朔八月壬午一日壬午建造此幢成，/既奉为乘鱼桥河内。先应有没溺落水之人，及河伯/将军眷属等乞愿，承此幢功德，往生净土。后乞援□，/从今已后，并无落水没溺之人，兼乞保当两边店户平安/万福，春夏四季无诸灾祸。造幢施主当州军事衙前/总管钱行恭、弟行立，同助造幢施主杜昕、奚洪、翟居式、/李谓、郭恭、周广等乞福资长寿，灾祸消灭，厄难永除"。再后即为经文，在每句经文后加有小字数字，代表经文的句数，最后一句后数字为"卅八"，即全部经文共三十八句（图一）。

其二，后唐长兴四年（932年）加句灵验佛顶尊胜陀罗尼经幢，高15厘米，八面合计宽45厘米，上下各有榫卯。八面均有文字，文字为楷书。经文24行，每面4行，满行16字，首题"加句灵验佛顶尊胜陀罗尼咒"，接着即为经文，在第十八

图一　广明元年陀罗尼经幢拓本

184

图二　长兴四年陀罗尼经幢拓本

行有一字的位置写有"自称名姓"四小字，经文末为"五十六句"字样。后四行为造幢记，文曰"昆山县春申乡弟子渖入并妻李四娘 / 阖宅以来同发心造此功德，保佑平安 / 舍入永光禅院内永充供养，长兴四年正月日弟子渖入并妻等"（图二）。

二、二件石刻的定名与意义

此类石刻颇为多见，时代多在唐宋时期，明清依然有此幢的修建，但是已是末流。[1] 对于此类经幢或相关物品，人们一般多称之为"陀罗尼经咒"或"陀罗

---

[1] 叶昌炽：《语石》卷四，中华书局，1994年。

尼经幢"。这只是一个俗称，也很不准确。因为陀罗尼，即真言，华译为总持，即总一切法，持无量义。真言与陀罗尼，是同体异名，但是佛教的真言，尤其是密宗特别注重真言，有很多种，可多达五百余种。据佛典记载"陀罗尼是西土之言。此土翻云能持，或言能遮。言能持者，集种种善法，持令不散不失。譬如完器盛水，水不漏散。能遮者，恶不善根生，能遮不令起，故云能遮。又翻为总持，随有若名若义。若行地功德，皆悉能持，故名总持。今此五百，并有持遮总持之义，故名陀罗尼。陀罗尼者，略说则有五百，广明则有八万四千，乃至无量"。[1]所以将此称为陀罗尼显然是不准确的，称为陀罗尼经咒也不准确，因为陀罗尼，"略有四种：一者，法陀罗尼；二者，义陀罗尼；三者，咒陀罗尼；四者，能得菩萨忍陀罗尼"，咒陀罗尼是陀罗尼的一个类别。如我们常见的另一种大隋求陀罗尼经咒即是其一，因此这个石刻完整的称呼应该是《佛顶尊胜陀罗尼经咒》石幢，还可以进一步根据译本的不同加一些如"加句""五十六句""加句灵验"等等予以修饰和限定。

三、《佛顶尊胜陀罗尼》的译本

《佛顶尊胜陀罗尼经》是密宗的经典之一，相传由佛陀波利将梵本携入中土。此经传入颇具一些传奇色彩，据唐定觉寺沙门志静所撰《佛顶尊胜陀罗尼经序》：

> 佛顶尊胜陀罗尼经者，婆罗门僧佛陀波利，仪凤元年从西国来至此汉土到五台山次，遂五体投地向山顶礼曰：如来灭后众圣潜灵，唯有大士文殊师利，于此山中汲引苍生教诸菩萨。波利所恨生逢八难不睹圣容，远涉流沙故来敬谒，伏乞大慈大悲普覆令见尊仪。言己悲泣雨泪向山顶礼，礼

---

[1]《大正新修大藏经》第46册 No.1925 "法界次第初门"。

已举首忽见一老人从山中出来，遂作婆罗门语谓僧曰：法师情存慕道追访圣踪，不惮劬劳远寻遗迹。然汉地众生多造罪业，出家之辈亦多犯戒律，唯有佛顶尊胜陀罗尼经，能灭众生一切恶业。未知法师颇将此经来不？僧报言曰贫道直来礼谒不将经来。老人言既不将经来空来何益？纵见文殊亦何得识。师可却向西国取此经将来流传汉土，即是遍奉众圣广利群生，拯济幽冥报诸佛恩也。师取经来至此，弟子当示师文殊师利菩萨所在。僧闻此语不胜喜跃，遂裁抑悲泪至心敬礼。举头之顷忽不见老人，其僧惊愕倍更虔心。系念倾诚回还西国。取佛顶尊胜陀罗尼经，至永淳二年回至西京。具以上事闻奏大帝。大帝遂将其本入内。请日照三藏法师，及敕司宾寺典客令杜行顗等，共译此经，敕施僧绢三十匹，其经本禁在内不出。其僧悲泣奏曰：贫道捐躯委命远取经来，情望普济群生救拔苦难，不以财宝为念，不以名利关怀，请还经本流行，庶望含灵同益。帝遂留翻得之经，还僧梵本。其僧得梵本将向西明寺，访得善解梵语汉僧顺贞，奏共翻译。帝随其请。僧遂对诸大德共顺贞翻译讫。僧将梵本遂向五台山，入山于今不出。今前后所翻两本并流行于代。[1]

根据前引志静的经序，此经最初由婆罗门僧佛陀波利带入中土，并和五台山及文殊菩萨相联系。但唐高武时期，正值武则天准备打击道教，改变道先佛后秩序的时代，五台山作为佛教圣山，从北朝以来就灵异不断，此时作为推广佛教的手段，此经即受到了皇室的重视，并得以翻译。然而，虽然皇帝同意翻译此经，但杜行顗译出此经后，竟然连同梵本一起留置宫中。在佛陀波利的恳请下，与长安西明寺汉僧贞顺一起再次翻译此经，完成后即携带梵本，"遂向五台山，入山于今不出"。从此《佛顶尊胜陀罗尼经》汉文本便在中土流行开来。

我们收藏的两件题名一为《佛顶尊胜陀罗尼》，一为《加句灵验佛顶尊胜陀

---

[1]《乾隆大藏经》第 0345 部，乾隆大藏经·大乘五大部外重译经·佛顶尊胜陀罗尼经。

罗尼经》，另一件不著年月的经幢首题"加句灵验佛顶尊胜陀罗尼真言"。这些都是佛顶尊胜陀罗尼经的不同译名或不同译本。此经的译本颇多，即义净所谓"此咒比来多翻译"，目前收在大藏经里，仅唐代就有八个译本，分别是：杜行顗《佛顶尊胜陀罗尼经》（大 968）、地婆诃罗《佛顶最胜陀罗尼经》（大 969）、地婆诃罗《最胜佛顶陀罗尼净除业障经》（大 970）、佛陀波利《佛顶尊胜陀罗尼经》（大 967）、义净《佛顶尊胜陀罗尼经》（大 967）、善无畏《尊胜佛顶修瑜伽法仪轨》（大 973）、不空《佛顶尊胜陀罗尼念诵仪轨》（大 972）、若那《佛顶尊胜陀罗尼别法》（大 974）。佛经有不同的译本是很常见的现象，一般有二译、三译甚至多达八九种译本之多。密宗陀罗尼经典有很多译本的原因，和其传授方式有关，即传授最重梵音，所谓"夫诵陀罗尼，务存梵音，但取其声，不取其义"，[1] 也就是说，密宗的陀罗尼经只是以汉字来表达梵文的读音。这和我们有的人学英语喜欢用汉字来标音一样，会遇到不同的人用不同的字来表示的情形。那么问题就随之而来，哪一种表示更准确呢？这个问题令译者和念诵者都很头痛，"比来多失本音，良由翻译文字有异，遂使学者多疑不决"，[2] 因此，就会出现不同的翻译者采用不同的音译。因为唐音和梵音并不可能完全吻合，所以对于佛典的翻译，一词就有很多译法，高僧菩提流志专门举了"莎缚诃"的例子做了说明。他指出"古今共译莎缚诃字者皆不切考梵音清浊，致令章异互各不同，或言萨（桑割反）婆（蒲俄反）诃（呼歌反），或言驳（苏合反）皤（蒲荷反）诃，或言驳博诃或言娑（苏何反）波诃，或言娑婆诃，或言苏（桑吾反）婆诃，或言沙诃，或言娑诃，或言莎（苏和反）诃，正切梵音皆无本旨。此非梵僧传音不正，斯乃自是执笔之误。故今克定借以莎字反为莎（桑邑反）字，借以缚字反为缚（无可反）字，借以诃字反为诃（呼个反）字者则得通摸圣者音旨正矣。所以唐梵教典无音而不可，凡诸陀罗尼后皆准此呼之"。[3] 为了保证梵文的发音，译经者使用了很多独特的处理方式，

---

[1]《大正新修大藏经》第 19 册 No.0974E 佛顶尊胜陀罗尼真言。
[2]《大正新修大藏经》第 19 册 No.0974E 佛顶尊胜陀罗尼真言。
[3]《大正新修大藏经》第 20 册 No.1092 不空罥索神变真言经。

如我们看到陀罗尼经咒里很多汉字都加有"口"旁，高僧不空解释到"若是寻常字体旁加口者，即须弹舌道之，但为此方无字故借尔，自余唯可依字直说"[1]。另外尚标有"二合""引""平声"等侧注，这些都是念诵时需要注意的，亦即这些字要按侧注的提示诵读。如何读这些以汉字标音的梵文，专门有《学念梵音法》来指导，"应合弹纽，具注其侧，幸请审看，万不失一。不应弹纽而弹纽者，是陀罗尼之大病也。若无侧注，不假纽声。但依其文。自当周正。所有口边字者，皆须弹舌而言之。侧注平上去入者，依四声而纽之。所注二合者，两字相和，一时急呼，是为二合也。……只如汉语名，谋文字，即有平上去入四声。声相呼准如五天竺国梵音，与上界诸天语音一种。如拟学梵音念诵者，先须学梵音，旨有十四音，与唐校十音"[2]。

此外在本馆藏的两件经幢的句间或经尾标有数字，广明元年幢句间标有一至卅八，长兴四年幢末尾标"五十六句"字样，这种以数字标明"佛顶尊胜陀罗尼"句数的方式在唐代八个译本中也有保留，根据统计杜行顗译本为 35 句，佛陀波利 34 句，地婆诃罗 48 句，地婆诃罗另一译本为 36 句，义净 53 句，善无畏 55 句，不空 59 句。如此一来，本馆所藏两幢的经文的句数就和前述诸本不合。这可能是佛教徒后来根据不同的理解和译本所做的改变。因为据武彻《加句灵验佛顶尊胜陀罗尼记》[3]记载，"昔仪凤年中，佛陀波利所传之本，遍天下幡刹，持诵有多矣。彻自弱岁，则常念持。……即尊胜陀罗尼也。命之令诵，而文句全广，音旨颇异……各陈其所持本，勘校文句，多少并同，如一本焉，彼此相庆贺。……本受之于金刚智三藏，梵夹见存。……共勘其本。音旨字数如一，故知众生闻法有时流传教法，亦有时叹真实世间稀有，此即是金刚智三藏梵本译出者。令勘佛陀波所利传本，文句大同，多于旧本九句六十九字，余悉波利"。据此可知，此经的翻译大多是基于波利译本的扩充。广明幢的音字基本和地婆诃罗接近，但是断句却不相同，石刻本要多

[1]《大正新修大藏经》第 19 册 No.0985 佛说大孔雀咒王经。
[2]《大正新修大藏经》第 19 册 No.0974E 佛顶尊胜陀罗尼真言。
[3]《大正新修大藏经》第 19 册 No.0974C 加句灵验佛顶尊胜陀罗尼记。

出两句，内文也不完全相同。长兴四年幢的句数和前述诸本均不和，字音和句数最接近善无畏的译本，而善无畏的译本也径称《加句灵验尊胜陀罗尼》，这个石刻本可能是在此基础上做了调整后的译本。用字表音、断句、侧注不同正是各个译本的主要差别，也是翻译者主要用力的地方。

根据刘淑芬的研究，虽然在武彻的灵验记里对波利本做了贬低，而大肆推崇金刚智本，但唐代经幢所刻绝大多数是波利本，[1]但是根据我们所见的资料，即使在苏州地区，佛顶尊胜陀罗尼的译本选择也是多样的，甚至不见于大藏经。这一方面说明人们对此经的重视程度很高，也说明人们对经文的翻译和理解差异也很大。因为对于石刻尊胜陀罗尼经咒的经文，目前重视仍然不够，随着研究的深入，此经的译本可能还会更多。

此经传入中土以后，因为内容兼济亡者与生灵，特别是具有破地狱的功能，且其威力无边，而广为流传。据法崇所撰《佛顶尊胜陀罗尼经教迹义记》云："于幢等上或见或与幢相近其影映身或风吹陀罗尼上幢等上尘落在身上者。……第十五尘影沾身。言如是等人乃至影沾身，所有诸罪皆悉消灭也。天帝彼诸众生所有罪业，应堕恶道地狱畜生阎罗王界，饿鬼阿修罗身恶道之苦皆悉消灭，不为罪垢之所染污者。……第十六广除多苦。所有如此恶业，若彼尘影沾身者，一切罪垢皆悉消灭，不能染污。"[2]此即所谓"尘沾影覆"功效。

然而，此经之流布尚与密宗大师的努力推广分不开来，开元三大士之善无畏、金刚智、不空均有相关著述存世。更为关键的是，在密宗大德特别是不空的努力下，在大历十一年，"代宗睿文武孝宝应元圣皇帝特敕令天下僧尼诵尊胜真言奉敕语京城修功德使李元琮：天下僧尼诵佛顶尊胜陀罗尼，限一月日诵令精熟。仍仰每日诵二十一遍，每年至正月一日，遣贺正使具所诵遍数进来"。[3]这一诏令对于《佛顶尊胜陀罗尼经咒》和经幢的建立起到推波助澜的作用，虽然经过了会昌法难

[1] 刘淑芬：《灭罪与度亡》，上海古籍出版社，2008年，第41页。
[2]《大正新修大藏经》第39册 No.1803 佛顶尊胜陀罗尼经教迹义记。
[3]《大正新修大藏经》第39册 No.1803 㽛尊胜陀罗尼经疏叙。

的打击，此后密宗也日趋没落，但经幢的建立和经咒的翻译仍然流行不辍，五代迄宋，乃至元明依然如故。

四、世俗内容的疏解

广明，唐僖宗第二个年号，仅使用两年，元年即公元 880 年。乘鱼桥，《吴地记》著录，《吴郡图经续记》"乘鱼桥者，故传琴高乘鲤升仙之地"，因为名。《吴郡志》"桥在子城西北"。位于干将河上，言桥西，乐桥东，北对阔巷，今存。河伯将军，神灵名，即水神，晏子春秋曰：河伯以水为国，以鱼鳖为民。西门豹为河伯娶妻最为大家熟知。当州军事衙前总管钱行恭，史志无载。当州军事衙前总管，职官名，当州军事指节度使，这里指浙西镇海军节度使，广明元年节度使为周宝。衙前总管即为节度使属官，主持军务为主，因史料较少，其余诸如品阶职掌等均不清。钱行恭此人虽不见记载，但根据当时的形势，广明元年前后正是黄巢义军动摇了唐廷江南格局，王逞乘机攻占苏州之际，这时候的钱镠也已走上政治舞台，并在董昌的手下有了一定的发展。因此，我们颇疑此人或是钱镠之宗亲。

长兴，五代后唐明宗年号，四年即公元 933 年，此时已是吴越国时期，吴越王钱镠已于上年去世，钱元瓘即位为吴越王。吴越国一直未有自己的年号，而是接受中原王朝的敕封，并使用中原王朝年号。这看似屈辱的做法，实际却是吴越国最为成功的外交策略，钱镠说："古人有言：'屈身于陛下，是其略也。'吾岂失为孙仲谋耶？"[1]钱镠将局势看得很明白，对于那些如此前蜀王建，杨吴杨行密等急于称王称霸的做法，他认为不过是"儿辈自坐炉炭之上"。所以吴越国除了钱镠短暂使用过宝正（926-931 年）年号外，其余诸王均使用中原正朔。春申乡，因春秋春申君

---

[1]《吴越备史》卷二《武肃王下》。

黄歇而得名，即南宋嘉定县治所。据《姑苏志》卷二十一载：嘉定县治在春申乡练祁市，宋嘉定十一年立。嘉定县乃由昆山东境划出春申等五乡而来。永光禅寺不知何在，《唐五代佛寺辑考》[1]亦无辑考。据《吴地记》《姑苏志》载，永光院即灵鹫寺，又名东林寺，在旧吴县东北三百步，梁天监中僧永光所建，后梁乾化三年钱镠改为永光院，祥符改今额。灵鹫寺《宋平江城坊考》卷四有考，灵鹫寺东桥即善耕桥，故此寺当在今善耕小学附近。

除此之外，简单检索一下地志，虎丘云岩寺、西山包山寺、光福寺、唯亭重元寺、甪里保圣寺、虞山兴福寺均有唐代陀罗尼经幢，可惜有的已经损毁，有的文字已经剥蚀殆尽，无法进一步详细研讨。

二幢一立于衢路要道，一立于禅寺伽蓝，这是经幢最常见的设立地点，可见"禳罪集福，净一切恶道，莫急于《佛顶尊胜陀罗尼经》"。[2]施主既有军将，也有普通人，更有像钱镠这样的吴越地区实际最高统治者，这和杜文玉先生研究长安地区唐代陀罗尼经幢所得结论基本相同，即施主具有上至皇室下到平民的广泛性。[3]

附录：

（一）广明元年陀罗尼经幢录文

□□莎婆诃□

佛顶尊胜陀罗尼咒

时广明元年太岁庚子朔八月壬午一日壬午建造此幢成，/ 既奉为乘鱼桥河内。先应有没溺落水之人，及河伯 / 将军眷属等乞愿，承此幢功德，往生净土。后乞援□，/ 从今已后，并无落水没溺之人，兼乞保当两边店户平安 / 万福，春夏四季无诸灾祸。造幢施主当州军事衙前 / 总管钱行恭、弟行立，同助造幢施主杜昕、奚

---

[1] 李芳民：《唐五代佛寺辑考》，商务印书馆，2006年。

[2] 《全唐文》卷678，白居易《苏州重元寺法华院石壁经碑文》。

[3] 杜文玉：《唐代长安佛教经幢题记与题名研究》，《人文杂志》2012年第6期。

洪、翟居式、/李谓、郭恭、周广等乞福资长寿，灾祸消灭，厄难永除。

佛顶尊胜陀罗尼咒真言

那谟薄伽伐帝（一）啼晒路迦钵啰底毗失/瑟咤耶（二）勃陁耶（三）薄伽□/帝（四）怛侄（他（五）唵（六）毗输驮耶（七）娑摩三漫多嚩/婆（八）馺破啰拏揭帝伽诃那婆婆缚输/提（九）阿鼻诜者耶苏揭多跋折那（十）阿/蜜唎多毗晒鸡（十一）阿诃啰阿诃啰（十二）阿/俞散陁啰尼（十三）输驮耶输驮耶（十四）伽伽那毗输提（十五）乌瑟尼沙毗逝耶输提（十六）□□/诃婆啰喝啰湿弭珊珠地帝（十七）萨婆多他/揭多耶阿地瑟咤那颇地瑟耻帝慕□/□（十八）跋折啰迦耶僧诃哆那毗输提（十九）萨婆伐啰拏毗输提（廿）钵啰底你伐怛耶/阿瑜输提（廿一）萨末耶萨末耶阿地瑟耻/帝（廿二）摩尼摩尼（廿三）怛闼多部多俱胝钵/唎输提（廿四）毗萨普吒勃地输提（廿五）□耶/□耶（廿六）毗社耶毗社耶（廿七）萨末啰萨末/啰勃陀阿地瑟耻帝输提（廿八）跋/折唎拔折啰揭鞞拔折滥婆伐都（廿九）摩/摩萨婆萨埵写耶迦耶毗输提（卅）萨/揭底钵唎输提（卅一）萨婆怛他揭多三（卅二）摩/湿婆娑阿地瑟耻帝（卅三）勃陁勃陁（卅四）蒲/驮耶蒲驮耶三漫多钵唎输提（卅五）萨婆/怛他揭多地瑟咤那阿地瑟耻帝（卅六）摩/贺慕底（卅七）娑婆诃（卅八）

（二）长兴四年陀罗尼经幢录文

加句灵验佛顶尊胜陀罗尼咒曰

曩谟婆诶嚩帝怛路枳也钵啰底尾始瑟/野没驮野婆诶嚩帝怛你也他唵尾戌驮野/戌驮野娑么娑么三满多嚩婆娑娑颇啰□/底诶贺曩娑嚩婆嚩尾秫第阿鼻诜左□□/诶多嚩啰嚩左曩阿蜜多鼻晒羼阿贺啰/贺啰阿庚散驮啰啰抳戌驮野戌驮野娑婆羯/尾尾奴佛啰拏耶诶诶曩尾秫第鄢瑟抳□/慈野尾□□□□□□□啰湿茗散租你帝/嚩怛他诶□□□羯你娑咤波啰蜜多波唎/啰尼萨婆怛他□□□□□驮野地瑟咤曩地/□□摩贺母捺□□□□迦耶僧贺多曩尾/第萨嚩嚩啰拏波耶□□□□跋唎秫第□/底宁□多野阿欲秫第么野瑟耻帝么□/宁摩贺摩宁怛闼多部多句知跋哩秫第尾/普吒

没地秾第惹野惹野尾惹野惹野么 / 啰娑么啰萨嚩没驮地瑟耻多秾第嚩日□ / 日啰
□陛嚩日览婆嚩睹么么□萨嚩萨怛 / 舍唎蓝萨嚩萨埵喃难者迦耶跛唎秾第萨 / 诚底跛
哩秾第萨嚩怛他多室者铭三么 / 嚩娑演睹萨嚩怛他多三么湿嚩娑地瑟 / 帝没地野没
地野尾冒驮野尾驮野三满 / 跛哩秾第萨嚩怛他多缬哩驮野地瑟咤 / 地瑟耻多摩贺母
捺□娑嚩贺五十六句 /

昆山县春申乡弟子渵入并妻李四娘 / 阖宅以来同发心造此切德，保祐平安 / 舍
入永光禅院内永充供养，长兴四年正月日弟子渵入并妻等。

（原发表为程义：《跋苏州博物馆藏二种〈佛顶尊胜陀罗尼〉经幢》，《苏州碑刻
博物馆三十周年纪念文集》，西泠印社，2016 年）

真珠舍利宝幢的发现及其工艺

在姑苏城内西南面著名的"盘门三景"风景名胜区内，有一座造型秀美、七级八面的古塔——瑞光塔。相传此塔是三国赤乌十年吴王孙权为报答母恩而建造的，因此也叫报恩寺塔。据宋范成大《吴郡志》卷三十一记载："瑞光禅院在吴县西南旧普济院。宣政（宣和、政和）间朱勔建浮图十三级，靖康焚毁。淳熙十三年，寺僧重葺，稍复旧观。"后寺塔改为七级，名瑞光寺塔。该寺屡遭焚毁，又屡经修葺。现今的瑞光寺殿宇是清代重建的，只有塔是宋代的建筑。宋明两代曾多次修建，至清代咸丰年间，清军和太平军在姑苏城内开战，1860 年遭兵燹，佛寺被毁，唯塔独存，但外檐已毁于战火，仅存卓然的砖砌塔身，相对完好（图一）。1987 年至 1990 年全面整修加固，并使之恢复宋塔风貌。现在已经修葺一新，供中外游人观览（图二）。

苏州博物馆塔放瑞光展厅的文物即出土于此塔三层天宫。根据苏州文化局苏革文（1978）字第（198）号记载，事情的经过大致如下：1978 年 4 月 12 日星期三晚 9 点，顾龙兴、刁先廷、王建平三位同学乘 2 路公交车到苏州博物馆，交给博物馆一批据称是瑞光塔发现的文物。当时由住在博物馆里面的丁金龙接待了他们。十三日上午一上班，陈玉寅馆长立即派考古组主任廖志豪同丁金龙、王嘉明、朱伟峰等同志前往观场观察。朱、丁、王三位登塔，廖在塔下接应。瑞光塔塔门已被打开，在现场发现了大量散落的文物，内外木盒等均已拆散。十四日下午，博物馆等单位的有关同志再次察看了现场，并对现场做了初步清理，陆续发现了一些零部件。后经整理，此次共发现文物 10 件组，现在大多展出于塔放瑞光展厅。

图一　大修前的瑞光寺塔　　　　　　　图二　大修后的瑞光寺塔

　　这些文物运回博物馆狮子林库房后，大家就开始琢磨修复的事。大木板因为带有燕尾榫，很快就拼出了大小两个木盒子。大盒子和小盒子是套在一起使用的，大的在外，小的在内。大木盒外涂黑漆，其中一面用白漆写有"瑞光院第三层塔内真珠舍利宝幢"。小木盒银杏木原色，四面绘有色彩鲜艳的四天王像，内壁墨书"大中祥符六年四月十八日记"。这两个木盒子一般称为外木函，但根据天宫里发现的大垫板上的墨书题记"寓迹僧子端，幸值诸上善人建第三层浮图，安置盛诸佛圣贤遗身舍利，藏盒之次，特舍此木于底，少贵戴荷，永假缘结，虽渐多宝之大功，且效聚砂之少善，以玄迴向……略题记耳"中"藏盒"的字样来看，径直称之为木盒也许更接近宋人的原意。

　　根据外木盒的题记，大家知道那堆杂乱无章的东西是一个真珠舍利宝幢的零件。因为没有榫卯，也没有现成的参照物，面对一大堆木头、珠子、金银丝，大家一筹莫展。因为这批文物为佛教文物，于是大家决定一边查资料，一边向佛教界人士请教。博物馆人员请教了西园寺高僧明开法师，他说《大方广佛华严经》里可能有相关内容。通过对"……下方风轮，上至铁围山，应作平轮观，海中七金山应作周围观……"这段佛经的研读，大家初步理出了复原思路。原来真珠舍利宝幢应为三部分：风轮、铁围山、海中七金山。苏州博物馆考古部副主任朱伟峰将各个部位基本定位后，绘制了每个部件的图纸，并制作了拼装图。这样大家按照佛塔的结构，边摸索边修复，终于将4万余个（主要是真珠）零件逐个复位了。当宝幢整体复原成功后，一件精美的文物出现在大家面前（图三）。

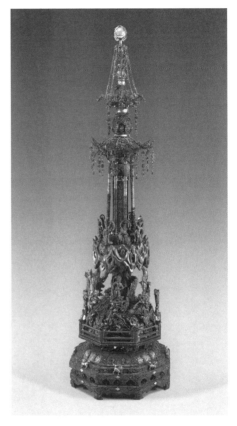

图三　真珠舍利宝幢

根据当时的观察，宝幢由须弥座、经幢和塔刹等主要部分组成。

须弥座分底座、须弥山二部分。底座呈八角形，每面作三个如意头镂空，内置银丝编变形如意，下有八足。底座共分三层。第二层八面台阶，每面立有神态各异、造型生动的银狮一只。其上呈弧形斜面。每面贴有两个人物。再往上呈束腰状，周围镂空作如意形，内置一银丝编的变形如意。外贴神兽一周。束腰上为须弥山，须弥山分大海和宝山两部分。海为圆形，用木质八角勾栏围绕，海面四周升起八个木质朵云，云上立木雕四天王和四天人像。海浪从中心涌起，呈圆柱形，其上为宝山。海浪中盘踞着一条由金银丝串珠编制而成的九头龙。圆形宝山周围耸起十六峰，峰顶间隔站立木雕护法八天神像。宝山中心立一八角形经幢，幢身蓝色，八面依次雕刻正、草、隶、篆等字体的佛名：南无摩诃般若波罗蜜、南无过去毗婆尸佛、南无尸弃佛、南无毗舍浮佛、南无拘留孙佛、南无拘那舍牟尼佛、南无迦叶佛、南无释迦牟尼佛，字皆填金。幢身内置一乳青色琉璃葫芦形小瓶，藏舍利九枚，一枚红色，余皆乳白色。经幢顶上为一金银雕缠枝纹佛龛，内置一木雕佛像。经幢周围立八木柱，以鎏金银丝编织物包裹，上覆盖八角形屋顶。殿顶置一丹漆木质佛龛，内置金制缠枝纹细颈宝瓶。宝瓶四周浮雕佛像四尊，佛像之间雕有童子，瓶口覆以金盖。佛龛上罩一八角形金银串珠华盖，华盖八脊，伏有银丝编小龙八条，龙头向外昂起。华盖上为刹，以白玉、水晶和金银构成。刹顶是一颗大水晶珠，下垂八条银链，与华盖的八角相连（图四）。

1. 须弥座

2. 大海宝山

3. 八棱柱状经幢

4. 塔刹

图四

这样一件精美佛教文物涉及很多工艺门类，有人说九种，有人说十几种，这个差异实际上是因为各人的统计口径不一致导致的。结合我们的显微观察和当年参与全程复制的苏州博物馆考古部朱伟峰老师的回忆文章，并走访了一些工艺师之后，我们认为舍利宝幢包括以下四大门类的工艺：

第一类，木工作。木作包括所有的木构件的制作、拼接和打磨。具体而言包括：1. 开料，即锯、刨等程序，将原木按需求加工成板材、方材、线材；2. 下料，即按将木料按要求锯截成需要的尺寸和形状；3. 精加工，即按器物的设计对木料进行雕刻，既有平雕也有圆雕，如木狮子、须弥山、须弥海、神人等；也包括对木料进行车削加工，如木柱、殿基和八棱柱的内腔等部分，使用了车旋工艺，以保证构件的圆弧度和一致度；还包括一些用槽刨和线刨在基座木板平面和边缘加工的凸起或凹槽装饰，立柱的凸棱即为线刨拉出；在底座的壸门部分使用了线锯，以利于制造出比较圆滑的曲线，如果是封闭的空洞，还得先打孔，然后将线锯穿过再上锯弓，这个工艺就是镂锯，俗称拉花板。4. 胶接，所有的构件制作完成以后，因为没有造榫卯，所以各部分以胶黏合，或者以丝绳捆扎。因为没有榫卯位置可以参考，所以给初期复原造成了很大的困惑。5. 打磨，胶接完成后即开始精细打磨，一般先使用锉石之类工具，再使用锉草（木贼）进行精细打磨（图五）。

第二类，漆工作。打磨完成后，即可开始涂漆装饰，也可分为以下几个工序：1. 覆麻，在开始打底漆前，为了防止木料开裂，先在木材表面覆盖一层纺织品，类似夹苎原理。然后开始打底漆和腻子，打磨光滑，预留镶嵌的位置。2. 堆漆，接着按设计图纸用漆灰堆塑纹饰，这一工艺主要使用在基座周边的开光框和框内人物和纹饰。堆漆一般是使用大漆桐油为底，加入砖灰、蛎灰，甚至有鹿角灰，制成半干的油泥，然后搓成泥线在底漆上堆出凸起的纹饰。基座的人物和转角的花纹使用堆漆工艺尤为明显。3. 金装，在所有纹饰都处理好后将制作好的金箔进行粘切。这种工艺我们过去以为是描金，但在复制过程中，遇到了极大的困难。周天民工艺师在画家崔护的指导下才勉强完成。最近在和敦煌研究院同仁交流时，承蒙告知，这种工艺叫截金，在日本还在继续使用。这种工艺形成的纹饰规整而刚劲有力，比描金

1. 勾栏上的银丝

2. 勾栏和底座的捆扎孔内侧

3. 勾栏和底座的绑扎孔

4. 塔柱内的旋痕

图五

的立体感强。截金主要用在塔座和须弥山、海上。当然，在一些曲面部位也有描金的使用。立柱和中心柱顶使用的应该是泥金工艺，这样可以节省金箔，中心塔柱上的文字使用的是填金（图六）。

第三类金属工艺。1.备料，根据需要将金银铤加工成片、丝、箔、泥。片材用以捶打金箔、包镶以及加工别的小配件。银狮子是铸造成型，然后在表面以工具錾刻毛发。老艺人以为是锤鍱工艺做成的，但在我们仔细观察之后，发现狮子内壁光滑无痕，且在一只狮子的后腿部位发现了夹铸的银丝，这就证明狮子仍然使用的是铸造成型。使用最多的是鎏金银丝，分为粗中细不同的规格，均为圆丝，应是用拔丝工艺制成，在银丝表面可以观察到纵向的痕迹。银丝较粗的两种用于编制龙，最

1. 覆麻纤维

2. 覆麻断面

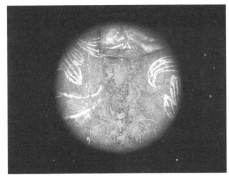

3. 堆漆人物断痕

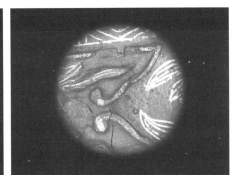

4. 堆漆线条断面

图六

细的用作累丝。金箔主要使用在截金和制作泥金用以装饰。金箔应该是有专门的作坊捶打好提供的。泥金主要用于描金和填金。2. 锤鲽，较为特殊的是佛龛、宝瓶的工艺，据当时的记录，当年复原工作由叶永茂老师傅用台凿技法，以小榔头一点点敲打出来。这种工艺是用一块金银薄板，放在一些柔质衬垫上，如沥青、蜂蜡、松香等，然后用各式錾刻头从背面敲打出花纹的工艺，有时还可以辅助以纹饰模具制作重复的纹饰单元。这是非常古老的金银器制作技术，唐宋时期尤其盛行。现代人对此不熟悉，所以觉得无从下手，也就不足为怪了。"台凿"，在我们拜访了相关工艺师之后，我们方知应该是"抬凿"，一字之差，谬之千里。抬是指将一带上翘的铁棍伸入小口器物内，敲击后端，利用杠杆原理将金属壳朝外抬起。凿是由外向内用各种凿具向内加工。因为空腔不易把握，这时候需要灌软性胶液，以利于精细加工。这实际就是传统的锤鍱工艺的延续。3. 编制，另一个比较困难的是银丝龙的编制，当年复制也让杨肇中老师傅费尽了心血。因为金银丝虽然有很好的延展性，但很软，要编制如此复杂的结构，特别是九头龙部分，难度可想而知。九头龙的编法，参考现在竹编工艺，应该是先编九个龙头，然后再编在一起，到前爪部分加入新的银丝，编出两足，继续朝后编制，当一段银丝用完或需要在背部做出戟刺的效果就进行弯曲。有人说这个龙头部分可能使用了有机质内撑，即用草或者草木粉末塑造出龙的基本形象，然后套在其上进行编制。等整条龙编制结束后，用火烧掉内撑即可。据说这种灰龙工艺在民间现在还有使用，这种工艺可以在编制时保持空腔的大小和形状，并避免编丝缠绕。我们在龙的腹部内发现了编织物的残留，证实了这一工艺。其他部件的制作采用了剪裁、錾刻、包镶和焊接等常见工艺。弹簧状的身甲是将珍珠串上，或者用银丝缠绕一木棒，做出弹簧状，再压扁。然后绕成鳞片状，附在一张磁青纸上，最后绑扎在龙身上的（图七）。

1. 九头蟠龙

图七

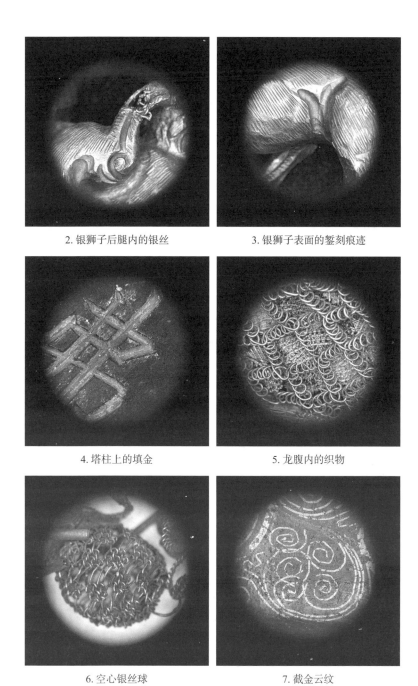

2. 银狮子后腿内的银丝

3. 银狮子表面的錾刻痕迹

4. 塔柱上的填金

5. 龙腹内的织物

6. 空心银丝球

7. 截金云纹

图七（续）

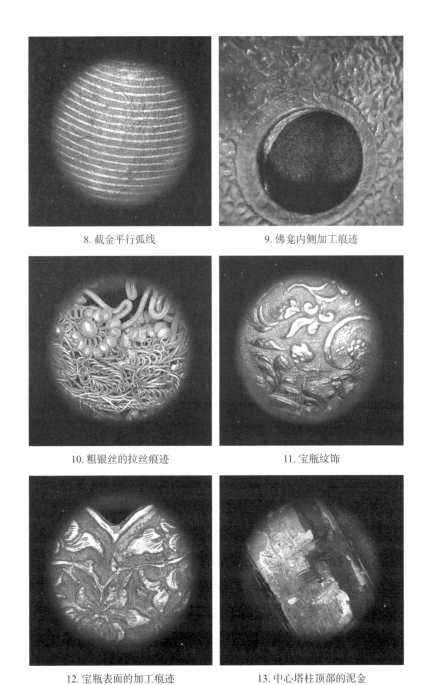

8. 截金平行弧线

9. 佛龛内侧加工痕迹

10. 粗银丝的拉丝痕迹

11. 宝瓶纹饰

12. 宝瓶表面的加工痕迹

13. 中心塔柱顶部的泥金

图七（续）

第四类，宝石工艺。舍利宝幢共使用4万余颗珍珠和宝石，除珍珠外，尚有水晶、珊瑚、琉璃、玛瑙、翡翠等所谓的七宝。所使用的工艺有琢磨、钻孔、串接、镶嵌（镶嵌时以漆泥为框，在底部涂上蓝色红色等颜料，再嵌上透明的琉璃珠，就会显出彩色的效果）。琢磨主要是用来加工各色石质珠子，即将各类原石修制成合适的珠形，有圆珠和扁珠两大类，这是新石器以来就有的技术；琉璃珠一般采用烧制而成；几乎所有的珠子都有孔，以用于串接，孔心有的在珠子的正中，但更多的是在侧边，以利于绑扎。根据现在的经验来看，当时应该使用了简单的夹具将珠子固定，然后使用硬质金属钻头进行加工。孔有对钻和单钻两种。这些带孔的珠子可能来自玉器作坊，因为硬质石珠打孔即使现在条件下，也得有专门的技术工人操作，特别是小珍珠打孔的难度也非常高。用各色珠子配合银丝累丝制作的空心球和各式银链挽成的部件构成非常华丽的珠花流苏，是宋代宝石工艺的代表。这些部件使得整个宝幢显得珠光宝气、流光溢彩、富丽堂皇（图八）。

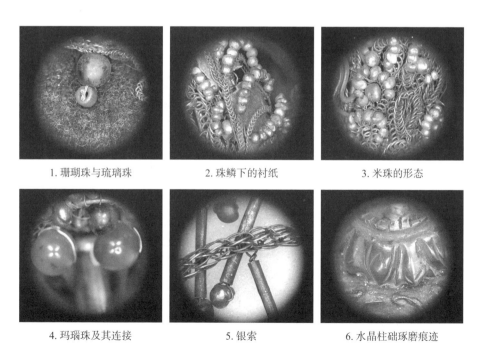

1. 珊瑚珠与琉璃珠　　　　2. 珠鳞下的衬纸　　　　3. 米珠的形态

4. 玛瑙珠及其连接　　　　5. 银索　　　　6. 水晶柱础琢磨痕迹

图八

7.殿顶、宝花璎珞幡铎

图八（续）

由于许多工艺已经失传，为了再现和研究这件文物，在苏州市工艺局的大力支持下，苏州博物馆抽调杨朝宗（金银丝编）、周福民（木雕）、叶永茂（金银抬凿）十余位老艺人组成了复制组，从1978年开始复制，前后历时两年之久，共复制出三件，其中一件东渡日本，其余两件保存在苏州博物馆（一件在原工艺博物馆，已并入苏博），和原件交替展出，以供人们鉴赏观摩。鉴于这件宝幢非常精美，集合了众多古代工艺，因此国家文物局于2013年将其列入第三批禁止出境文物名录。

（原发表为程义：《苏州瑞光塔真珠舍利宝幢的发现及其工艺》，《文物天地》2021年第1期）

苏州博物馆藏大随求陀罗尼经咒汉文本的初步研究

初唐时期密宗从西域和海路两道传入中国，经高武时期大力弘扬，到开元时期达到鼎盛，开元三大士"善无畏、金刚智、不空"更是出入宫廷，筑坛讲经，密宗盛极一时。由于历代密宗大师的奉持、翻译、宣扬，使得陀罗尼经咒大肆流行。尽管经历了会昌法难，佛教受到了一定打击，但是密宗信仰已深入人心，并在长安以外的地区流行开来。苏州博物馆目前收藏有 5 件和陀罗尼经有关的文物，分别是纸质大随求陀罗尼经咒 2 件、佛顶尊胜陀罗尼经咒经幢 3 件。因为早期印刷技术和文物保护的原因，这些文物都未能公布，学者只能根据早期出版物和报告人简单的说明文字进行研究。为了便于学人进一步深入研讨，现将其中之一件汉文陀罗尼经咒做初步研究。

1978 年 4 月，在苏州西南部盘门内瑞光寺塔第三层塔心的窖穴内发现了一批文物。[1] 在真珠舍利宝幢内，藏有刻板印刷的经咒两纸。一篇汉文经咒（图一），一篇梵文经咒。

汉文经咒，报道者描述如下："一张是《大随求陀罗尼经咒》，高 44.5 厘米，宽 36.1 厘米，有边框。两边各有一行字，右行自'朝请大夫给事中知苏州军州事清河县开国男食邑三百户柱国赐紫金域袋张去莘'起，有一连串的职官姓名，左行

---

［1］ 苏州市文管会、苏州博物馆：《苏州市瑞光塔发现一批五代北宋文物》，《文物》1979 年第 11 期。

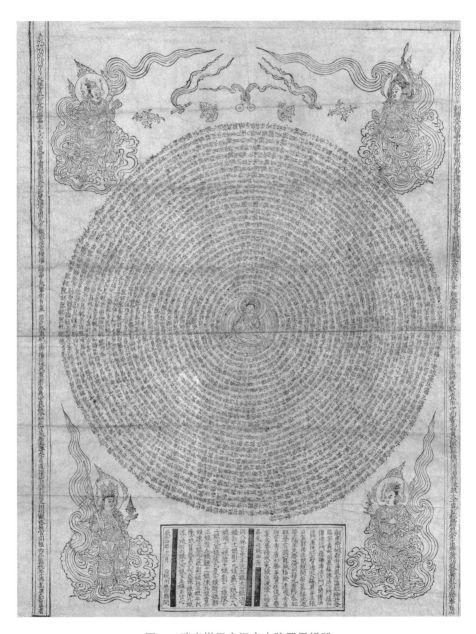

图一　瑞光塔天宫汉文本陀罗尼经咒

最后为：进士郭宗孟书。经咒中心为释迦像，环以汉字经文。四角为四天王像。上部正中有图案，下部正中长方形方框内印有'剑南西川成都府净众寺讲经论持念赐紫义超同募缘傅法沙门蕴仁……一同入缘男弟子张日宣……同入缘女弟子沈三娘……咸平四年（1002 年）十一月日杭州赵宗霸开'。"

右侧文字为"朝请大夫给事中知苏州军州事清河县开国男食邑三百户柱国赐紫金域袋张去莘朝奉郎尚书兵部郎中判军州事查陶守尚书屯田员外郎监苏州清酒务张振太子中允监税赐紫金鱼袋李德瑛著作郎签署节察判官厅事崔端"。左侧文字为"大理寺丞知长洲县事王允己节度掌书记彭愈节度推官周允中观察推官程璀录事参军宋有基司户参军刘庶几守吴县主簿李宗道权知白州事郭用之相州观察使推官同植（值）内品监税李德嵩进士郭宗孟书"。

下边方框内文字为"剑南西川城都府净众寺讲经论持念赐紫义超同募缘传法沙门蕴仁传法沙门蕴谦传法沙门可闻传法沙门道隐比丘智通同入缘男弟子张日宣郭用庄闵超闵荣叶禧沈遇管福王文胜潘训孙元吉陆泰纪旺蔡有顾宠盛福徐远凌秀贲绍管秀塘仁胜茅赞庄俊言庆叶文举张承宲张从谏张仁皓虞升朱延晓田裔同入缘女弟子沈三娘沈四娘汪七娘许十一娘周十九娘戴七娘张十八娘顾十二娘陆十娘刘十二娘陈十二娘沈五娘凌氏夏十娘赵一娘郭三娘钱五娘钟十一娘陈九娘贲六娘陈三娘元二娘刘一娘孙三娘牛氏陈二娘翟氏盖氏何氏张一娘陈九娘沈二娘何六娘沈五娘王五娘王信心　　咸平四年十一月囗日杭州赵宗霸开"。

下方方框内这段文字紧接两侧文字，将经咒的范本说得很清楚，以成都净众寺文本为基础，由进士赵宗孟书写上版。净众寺据嘉庆《四川通志》记载在成都"县西北，唐开元十六年新罗国僧无相募建。宋名净因寺，明改为万佛寺，有巨钟千钧（清嘉庆时寺废）"。

对于两侧的官员，原报告人未全部录出，叶瑞宝先生后来考得两人的少量事迹，即张去华和崔端二人，其余诸人均无文献可证。[1]事实上，张去华应该是张去

---

[1] 叶瑞宝：《瑞光塔发现咸平本〈大随求陀罗尼〉经刻印地区的探讨》，《苏州大学学报》1982年第 2 期。

莘之误读，但叶氏认为这是为张去华去疾求安而刻的经版。其依据是明王贄《姑苏志》载："张去华，字信臣，（《苏州府志》认为应为侯臣襄邑人），幼励学，敏于属辞。咸平二年自知杭州徙苏州，顷之，以疾求安，得守本官，分司西京。去华美姿貌，善谈论，有蕴藉，颇尚气节。"首先那个字不是华字，即使是一个人，一个知州能否动用如此之多的人来刻一部佛经，而仅仅是为了一己之福？笔者认为这还是信众集资刻经，其目的是利于佛经的传播，如写经一样是一种功德。这些刻在两侧有一定职位的官员是这次刻经活动的主要赞助人，进士赵宗孟负责书写了全部经文。两侧官员虽然大多都是苏州地方人士，但仍有少量外地任官者，其排列顺序显然遵守了中国最为基本的排列方式，那就是官品。因为进士赵宗孟虽然没有官方身份，但"进士"在宋代地位亦非寻常人可比，拥有很多庶人所不具备的特殊权力。所以这份名单是按照一定顺序精心设计，以进士赵孟宗为界，分为官民两部分。下部方框内人士恰恰都是非官方人士，其题名应该是这一活动的主要实施者，显然在分类时是按照有无身份而将官民分开的。这是佛家进一步世俗化的反映。

关于此经的刊刻地点，本来下部方框内有"杭州赵宗霸开"的字样，许鸣岐先生通过对纸张的分析认为刻印《陀罗尼》经咒（汉文）皮纸的产地：经咒是北宋初在杭州刻印的。[1]当时杭州盛产皮料纸，故经咒所用皮纸应是当地所产；但叶瑞宝先生提出了强烈地反驳，[2]坚持认为此经是以唐剑南西川成都府净众寺刻本的底本翻刻的；是为张去华"以疾求安"，消灾祈福而刻印的；写经者进士赵宗孟当为苏州本地人，印经用纸亦当为苏州所造，杭州刻工赵宗霸当为受苏州之聘而刻此经，但在论述中叶氏并未提供有力的证据，只是推测如此多的官员，刻印一张经咒应该不难。显然此说无法成立，官员资助的并不是刻印一张经咒，而是资助开雕并印行此经咒。其花费不但包括雕版费用，大量的开支应是印刷所需的纸张和人力。因为叶氏已确认这张经咒仅仅是为张去华一人而印，所以就误推出此结论。事实上，唐

［1］许鸣岐：《瑞光寺塔古经纸的研究》，《文物》1979 年第 11 期。
［2］叶瑞宝：《瑞光塔发现咸平本〈大随求陀罗尼〉经刻印地区的探讨》，《苏州大学学报》1982 年第 2 期。

末五代以来，太湖周边已是笔墨纸砚等文具商品的主要产区，纸张并不仅仅是某地才能生产的商品，所以只依靠纸张产地来推论刻经的地方是本末倒置。根据陈涛等人的统计，在唐宋时期，江南已成为纸张的主要产地，尤其是杭州所在的越州的土贡中一直有纸张一项，而苏州却没有贡纸的记载。[1]虽然无土贡并不代表没有造纸业，但这却说明苏州造纸业的现状。事实上下部方框内已经说得很清楚，"杭州赵宗霸开"，如果没有新证据的情况下我们只能假设这件经咒是杭州刻印的，因为杭州从吴越国开始就是江南的刻书中心，[2]尤其擅长刻印佛经。

对于经咒的本身，原报告和本馆善本书影[3]的解说都未做进一步考察。因为通常这类经咒都是清一色的大随求陀罗尼经咒之梵本或者是汉译本，但此经咒比较特殊，首先是其文字的排列方式，从中心图像周围开始，以一个小圆圈作为开始标记顺时针盘蛇般展开。而过去考古发现的陀罗尼经咒实物大多是以方形为基础，[4]此本中心经咒部分为圆形，这和吐鲁番72TAM118出土手绘梵文本、上海博古斋梵文本、洛阳史家湾梵文印本、英藏敦煌藏经洞梵文本、法藏敦煌藏经洞梵文本比较接近，但在史家湾本、法藏本外还附有方形经咒文字带，这又显示出构图的繁简和寓意之不同。文字分为多个部分：

第一部分是启请，"大随求陀罗尼启请：仰启莲花胎藏圣，无边清净总持门，普遍光明照世间，烟鬟应化三千界，如意宝印从心现，无能圣主大明王，常在如来三密中，能胜瑜伽圆觉位，毗卢遮那尊演说，金刚妙手捧真言，兹兴密语摄群生，悉地助修成就法，谛想于心月轮现，寂然三昧观本尊，醉容非色亦非空，随求随入圣方便，高步甚深三摩地，常居清净曼拿罗，应当称赞此真言，能得如来无漏智，依法念满洛叉（？）遍，欢喜地证此生期，火山水溺及刀兵，现实不遭诸任枉横，行止设经军阵处，金刚披巾自坚牢，逢灾值险即思维，翻令衰祸成祥瑞，纵犯五逆

---

［1］陈涛：《唐宋时期造纸业地理重心的变迁》，《唐史论丛》第12辑，2010年。

［2］宿白：《唐五代时期雕版印刷手工业的发展》，《文物》1981年第5期；重刊于《唐宋时期的雕版印刷》，文物出版社，1999年。

［3］苏州博物馆：《苏州博物馆藏古籍善本》，文物出版社，2012年。

［4］马世长：《大随求陀罗尼曼荼罗图像的初步研究》，《唐研究》第十卷，北京大学出版社，2004年。

兼十恶，四心本戒八波萝，毁佛毁法毁圣贤，克念随求罪消减，饶益有情功德藏，故我称赞不思议，倾以胜福施舍识，同登如来超悉地"。洛叉是马世长先生录出的，但是字形又很清晰，因为不敢肯定，所以先生加了一个问号在括号里，敦煌本《大随求启请》作"落叉"，又作络叉、落叉、罗叉、洛沙、攞乞叉、攞乞史，为印度的数量名称。一洛叉相当于十万，是梵文 lakṣa 的音译。这二字笔者想也有可能是"各七"，因为据《大唐故大德赠司空大辨正广智不空三藏行状》[1]载"乾元末，皇帝圣躬不康，请大师以大随求真言拂除七遍"。当然作洛叉更接近佛经用词习惯。

启请是佛教的一种仪式，也称启唱，即在诵经之前，奉请诸佛，这时候往往要有一段类似开场白的话，多由接近韵文的联句构成。密宗启请以简单的语言说明经文的大意。这一部分由僧侣以汉文语音读出或唱出，而后边的真言则必须以梵音读出，其字符只是以汉字加各式标注来表示梵音。这是二者根本的不同。《大随求启请》在敦煌文书中也有发现，如 P.2197 号文书，全称为《佛说大随求真言启请》，其内容大致和本件接近，字句略有不同，如敦煌本"常在"作"常住"，"能胜"为"超入"，"兹兴密语摄群生"为"流传密语在真经"。启请之后用一圆圈隔开，后为本经经名《佛说一切如来焰鬘清净炽盛思惟宝印心无能胜总持大随求大明王陀罗尼》。本经译本主要有唐代宝思惟和不空两人的译本，均收在《大正藏》第 20 册。宝思惟译本称大唐北印度迦湿弥罗国三藏宝思惟于天宫寺译，经名为《佛说随求即得大自在陀罗尼神咒经》，[2]又称《随求经》《随求得大自在咒》。实际宝思惟的译本也有两个，收在同一卷内，所以黄阳兴、李翎认为宝思惟只有一个译本。宝思惟的两个译本的差别主要在于根本咒部分的句数不一样，一为 250 句，一为 252 句。不空译本称开府仪同三司特进试鸿胪卿肃国公食邑三千户赐紫赠司空谥大鉴正号大广智大兴善寺三藏沙门不空奉诏译。译本经名有两种，其一为《普遍光明清净炽盛如

[1]《大正新修大藏经》第 50 册 No.2056《大唐故大德赠司空大辨正广智不空三藏行状》。本文所居大藏经主要利用 http://read.goodweb.cn/esutra/so.asp。
[2]《大正新修大藏经》第 20 册 No.1154《佛说随求即得大自在陀罗尼神咒经》。

意宝印心无能胜大明王大随求陀罗尼经》，[1] 其一为《金刚顶瑜伽最胜秘密成佛随求即得神变加持成就陀罗尼仪轨》。不空的两个译本经名似乎差异很大，但在仪轨的内文中却是《佛说普遍焰满清净炽盛思惟宝印心无能胜总持大随求陀罗尼》。此段咒文称为根本咒，相当于本经的主干，是最详细的真言，长达 292 句。唐玄奘法师明言五种不翻，陀罗尼即其一，秘密故不翻。因为是神秘的咒语，所以不采用意译。密宗为了保证咒语的准确发音，陀罗尼咒的翻译并没有采用梵译汉的方式，而是采用以汉字加诸如口旁，甚至是标注发音方式来音译。所谓的汉译实际只是将梵文用汉字的方式标出。由于选字的不同，标注方式的不同，甚至是意思理解的不同就出现不同的译本。从经名看，这个经咒的依据似乎是不空译本，从文字也可以证明，如起首句宝思惟译本为"那牟萨婆怛他揭多嚷"，不空译本为"曩谟曩莫萨嚩没驮冒"，而本经咒为"曩谟萨啰嚩怛他萨多喃"。文字的差别还是很大的，但依然接近不空译本，但应该是后来的新译本，或者是根据不空译本进一步修改加工而成的新本。

在根本咒外是较短的七种咒语，分别是"一切如来心陀罗尼""一切如来心印陀罗尼""一切如来金刚披甲陀罗尼""一切如来灌顶陀罗尼""一切如来结界陀罗尼""一切如来心中陀罗尼""一切如来随求随心陀罗尼"。这七种咒语分布在外三圈。最后是整个经咒的名字"大随求陀罗尼"。这七种短的咒语宝思惟译本为"一切佛心印咒、灌顶咒、灌顶印咒、结界咒、佛心咒、心中心咒"，不空仪轨本为"心佛心真言、一切佛心印真言、灌顶真言、灌顶印真言、结界真言、佛心真言、心中心真言"。这两个译本中咒语的顺序几乎完全相同，咒名也很接近，但这个印本中多了一个"一切如来金刚披甲陀罗尼"，少了一个"灌顶印陀罗尼"。多出来的金刚披甲咒的文字也和灌顶咒不一样，显然是另一种的咒语。这个经咒的名字出现在晚唐《宗睿僧正于唐国师所口受》[2] 之随求八印中，称"一切如来金刚被甲真言印第四，二手合掌。二头指屈中节令平偃。头相跓即成"，只保留咒名和结印方法，

［1］《大正新修大藏经》第 20 册 No.1153《普遍光明清净炽盛如意宝印心无能胜大明王大随求陀罗尼经》。
［2］《大正新修大藏经》第 20 册 No.1156B《宗睿僧正于唐国师所口受》。

但没有咒文。此咒的来源目前还不清楚，但根据宗睿的记载，贞观时期已有咒名，但开元时为何又被不空译本所放弃？晚唐却被宗睿收入，五代北宋时期又出现在随求陀罗尼经咒里，都还不太清楚。在宝思惟译本后第三部分即灵验记部分称"若有人带此咒者。当知如来以神通力拥护是人。当知是人是如来身。当知是人是金刚身。当知是人是如来藏身。当知是人是如来眼。当知是人披金刚甲。当知是人是光明身。当知是人是不坏身。当知是人能摧伏一切怨敌。当知是人所有罪障悉皆消灭。当知是咒能除地狱一切苦难"。笔者认为这应该是晚唐五代时期，为了满足战争需要而加入的咒语理由。

在研究清楚经文的内容后，我们再来考察图像部分。根据已发现的陀罗尼经咒来看，都是图文并茂式的，并无经咒单独刊印和书写的特例。[1]关于密宗佛经和图像的关系，惠果直接指出"真言密藏经疏密隐，不假图画不能相传"。同卷内日本高僧空海也指出："法本无言，非言不显。真如绝色，待色乃悟。虽迷月指，提撕无极。不贵惊目之奇观，诚乃镇国利人之宝也。加以密藏深玄，翰墨难载，更假图画开示不悟。种种威仪种种印契，出自大悲一睹成佛。经疏秘略载之图像，密藏之要实系乎兹，传法受法弃此而谁矣？"[2]这说明图像和经文是互为关联，互相发明的作用。

就目前考古发现的陀罗尼经咒来看，事实也是如此，都是图文并茂式的格局，没有发现过纯文字经咒。对此，马世长、黄阳兴、[3]刘淑芬、[4]李翎[5]等学者都有过相关的研究。各位对于苏州博物馆这个印本中的图像，因为无法进一步观察细节，所以仍基本保持了原报告的描述和结论。现在结合各位的研究，再做些进一步解说。

陀罗尼经咒的图像构成，目前发现的主要有以下四种：第一种中心图像为两

[1] 马世长：《大随求陀罗尼曼荼罗图像的初步研究》，《唐研究》第十卷，北京大学出版社，2004年。
[2] 《大正新修大藏经》第55册 No.2161 御请来目录。
[3] 黄阳兴：《略论隋唐时期的随求信仰》（上、下），《普门学报》第34、35期。
[4] 刘淑芬：《灭罪与度亡》，上海古籍出版社，2008年。
[5] 李翎：《〈大隋求陀罗尼咒经〉的流行与图像》，《普门学报》第45期。

人，一为立姿金刚，一为跪拜胡人；第二种中心图像为主尊，或有一供养人，主尊即三面八臂手持各式法器的大随求菩萨；第三、第四种都只发现于苏州瑞光塔内经咒，一为主尊，一为经变故事。在这里只讨论瑞光塔汉文本，梵文本图像和经咒留待以后再研究。关于如何书写绘制大随求陀罗尼经咒，宝思惟译本中有明确的说明："大梵若欲带此陀罗尼者……依法书此陀罗尼……而白佛言以何方法书写此大随求无能胜陀罗尼……书此随求人……依法而书写……女人求子息，当用牛黄书，中心画童子……殷勤应画此，能令胎安隐；丈夫求子者，应用郁金书，彼所求之事，悉皆得成就，于真言四面，应画种种印……若丈夫带者，不应画童子，应画天人形，种种宝庄严；帝王若带者，于中应当画，观自在菩萨，又于其四面，画种种印契……青色女人带，画卢陀罗天，女人白色者，应画名称天；女人若肥充，画彼宝贤将；瘦女人带者，画满贤药叉；若怀妊妇人，应画大黑天，或画梵天王。如是诸人类，各画本所尊，依法而书写……"这段文字描述了为求子息如何绘制书写随求陀罗尼经咒，后面还有"能护国城邑，及以护家族""若遇天亢旱，并以滞雨时，应画九头龙""诸商人带者，应画商主形"等不同需求不同内容的陀罗尼图案内容。事实确实如此，在已发现的十余件陀罗尼经咒上，中心主尊的图案并不相同，虽然以八臂随求菩萨为最常见。当然，根据宝思惟的说法，这样的分类主要是满足一些特殊要求，那么相应的图案也就不同。如此一来，印本的优势就得不到发挥，所以有一些印制经咒、绘制主尊相结合的经咒。学者们仅仅从技术的角度来考察，认为图案相对复杂，所以手绘，而文字相对简单就刻印。其实，这种现象也可能是把中间主尊位置预留，根据顾客的需求再绘制所需图案，但是随着印刷术的普及，以及人们对经咒需求的模糊和扩大化，原来丰富的、很有区别性的图案有可能逐渐集中到随求菩萨等图案上来。

汉文本的构图是以中心圆圈为核心，四角分布四身踏云天王，上部二天王之间分布三件天乐，天乐间杂以莲台和瑞花。此件经咒的构图和传内蒙古辽塔出土经咒极为接近（图二），只是中心的主尊形象不同，下部二天王间也增加了乐器和瑞花。主尊不是随求菩萨常见的八臂三面之形制。尽管二者构图极为接近，但要进一步推

图二 传内蒙古辽塔经咒毯

断辽塔经卷受到吴越的影响，恐怕有些简单化。因为苏州这个印本源自蜀郡，两京又是密宗的大本营，由北方传入的可能也许更大一些。

瑞光塔经咒圆中心的小圆圈内刻印一身坐佛像，有圆形颐光和身光，结跏趺坐，坐于莲花座上，着通肩袈裟。过去通常简单称之为佛祖或释迦牟尼佛。但根据马世长先生的研究，双手于胸前作智拳印。据此可知，坐佛非释迦佛，而是大日如来。马先生这一说法是正确的。大日如来梵名 Mahâvairocana，音译作摩诃毗卢遮那，又作毗卢遮那佛。大日如来是密宗将宇宙实相佛格化之根本佛，为密教供奉之本尊与最上根本佛，也为一切诸佛菩萨所出的本原。大日如来为金、胎两部曼荼罗之主尊，故非常被重视，其智德以金刚界大日如来表示之，其理德则以胎藏界大日如来表示。

在圆形经咒的四角分立四身踏云天王。左上天王，戎装，右手持长矛靠于肩上，左手掌心向下，小指翘起，其余三指自然弯曲；右上天王，亦戎装，右手执剑，左手手掌展开，似在托举，但又未接触剑锋；左下天王，戎装，右手以三指捏举一三股叉，左手掌心向内，五指自然张开；右下天王，戎装，冠饰非常华美高大，迥异于其余三身，右手托举宝塔，左手执长矛靠于肩上。四天王形象在瑞光塔天宫外木函，也就是承纳经咒的舍利宝幢外函上也有绘制（图三）;[1] 但是形象完全不同，外木函天王手持物分别为塔、剑、戟、钺。从冠饰看托塔之二尊最为接近，应是同一天王，即北方大圣毗沙门多闻天王；持剑者向上者与法门寺鎏金四天王宝函（图四）[2] 东方提头赖吒天王几乎完全一致，即持国天王；左上发式与外函执戟者和经咒执长矛者相近，都是火焰状向上竖起，即南方毗娄博叉增长天王；右下持三股叉者即为西方毗娄赖叉广目天王。法门寺宝函四天王手持物分别为北方托塔、东方斜上之剑、南方斜下之剑、西方弓矢。而法门寺中室石雕四天王则与此又有不同（图五），置于东南的为东方持国天王，持斜上剑；置于西南的为南方增长天王，手持物已佚；置于西北的为西方广目天王，持斜下之剑；东北角为北方多闻天王，持斧钺。浙江乾德四年（967 年）黄岩灵石寺天宫出土针刻题记四天王铜镜（图

[1] 西安曲江艺术博物馆：《色挂形象穷神变》，文物出版社，2013 年。
[2] 陕西考古研究院等：《法门寺考古发掘报告》，文物出版社，2007 年，图版 85-88，166-169。

1

2

图三　瑞光塔外木函天王

1. 法门寺四天外宝函北天王

2. 法门寺四天外宝函东天王

3. 法门寺四天外宝函南天王

4. 法门寺四天外宝函西天王

图四

1. 法门寺地宫中室北天王　　　2. 法门寺地宫中室东天王

3. 法门寺地宫中室南天王　　　4. 法门寺地宫中室西天王

图五

六），天王手持物则为：东方斜上剑，南方金刚杵，西方横刀，北方塔与矛旗。[1]
如果根据法门寺宝函的手持法器，综合各种图像来比对，外木函天王似乎可以比定
为：托塔者为北方、剑头朝下者为东方、持戟者为南方、持钺者为西方。传辽塔陀

---

[1] 浙江博物馆：《吴越胜览》第三单元，中国书店出版社，2011年。

1. 浙江台州黄岩灵石寺针刻铜镜北天王　　　　2. 浙江台州黄岩灵石寺针刻铜镜东天王

3. 浙江台州黄岩灵石寺针刻铜镜南天王　　　　4. 浙江台州黄岩灵石寺针刻铜镜西天王

图六

罗尼经咒毯四天王形象和瑞光塔经咒四天王非常接近，应该来自同一底本。[1]

　　以上只是就时间较为接近或有关联的图像做了简单分析。关于四天王的形象和

画法在宝思惟译《不空罥索陀罗尼自在王咒经》[2]里有明确的记载：

───────────

［1］浙江博物馆：《吴越胜览》第二单元，中国书店出版社，2011 年。

［2］《大正新修大藏经》第 20 册 No.1097《不空罥索陀罗尼自在王咒经》。

四天王成就吉祥瓶法分第七：应画四大天王。以诸宝物庄严其身。皆被甲仗手执刀剑。其坛东面应画金刚。南面刀剑。西面画棓。北面画镖。

成就入坛法分第十三：坛东门外画二天王守护其门。左边应作持国天王。右边应作增长天王。俱被衣甲器仗严净。作瞋怒面眼光赤色。持国天王以手执剑。增长天王以手执棓。坛南门外应画二王守护其门。左边应作丑目天王。右边应作赤目神王。此之二王面皆黑色。赤金严身皆被衣甲。其手执持弓箭刀剑。坛西门外画二药叉王守护其门。左边应作末尼跋达罗药叉王。右边应作布栗挐跋达罗药叉王。作此二王应如本色。种种庄严身被衣甲。手持斧索。

佛经里的记载就有差异，实际的形象差异更加明显。对于四天王的早期形象和唐代的变化，中国学者李淞已经做过具体入微的研究，他认为"与天王有关的图像与观念不断从不同的地方传入，而又不断得到改造与变化，发展成为具有地方特色的各种新图像，并赋予其新的理解"。[1] 他还考察了天王手持兵器的情况，他考察过的 70 多个窟龛中，天王手持兵器的只有 6 组，兵器与天王的组合也不固定，越晚兵器越少见。[2] 这也许是洛阳地区的特例，一些较晚的四天王图像并没有按照李淞所谓的"神秘恐怖因素让位于后者神圣因素"路线发展下去。考古发现的陀罗尼经咒中的天王形象也有些不一致，如洛阳史家湾后唐同光四年（926 年）印本持有戟、塔、弓箭、剑、绢索。再如辽宁沈阳塔湾辽重熙四年（1044 年）舍利塔地宫四天王也是持有剑戟铖塔弓矢等兵器的式样。所以沈阳舍利塔的报告者在比较了唐宋辽等天王后指出：从唐宋辽几代天王造像看，都是身着盔甲，腿裹行縢，脚穿毡靴，手持剑、箭、铖、戟稍、刀几种兵器。……到了元代，东天王持物换为琵琶，明代北天王持物换为雨伞，清代西天王持物换为蛇类，初步形成了今日一般常见的四大天王的形象。[3]

在上部二天王之间分布有莲台一对、香花两支和三件乐器，由此构成了不鼓

[1] 李淞：《略论中国早期天王图像及其西方来源》，载《长安艺术与宗教文明》，中华书局，2002 年。
[2] 李淞：《龙门石窟唐代天王造像考察》，载《长安艺术与宗教文明》，中华书局，2002 年。
[3] 王菊耳：《辽代无垢净光舍利地宫四天王壁画初探》，《北方文物》1998 年第 4 期。

自鸣的天乐。三件乐器，中间为两重圆形，代表铜钹，中心小圆圈表示中部的隆起；[1] 左侧为一吹管乐器，一端近口处有两组复线圈，这可能是代表有附加的发音组件，根据图像的判断，极有可能代表筚篥。[2] 右侧为一弓形乐器，但未见共鸣箱和弦，只能根据图像初步判断为卧箜篌或筝之类的弦乐。[3] 这三种乐器分别代表古代乐器的三大类别：体乐、管乐、弦乐。经咒印版的设计者以三件乐器代表整个乐队，这是非常常见的寓意手法。这三件乐器都由随风飘拂的丝织物捆绑，徐徐而降，但没有像洞窟壁画那样画出演奏者。这些就是佛典所谓的天乐。佛典云"复有天乐。其音微妙。不鼓自鸣"。[4]

总而言之，这张经咒是以大日如来为中心，以四角天王为保护神的一个方圆结合的图像文字综合体。按照马世长的研究，这种经咒不应该简单地称为经咒，而应是大隋求陀罗尼曼荼罗图像。曼荼罗即汉译之坛场，也就是说这个经咒实际是对曼荼罗坛场的抽象描绘。密宗是唐代佛教的主要宗派之一，经过武宗灭法和后来的黄巢之乱，两京佛教遭到了沉重的打击，但是随着皇帝入蜀避难，密宗也传入了四川。所以这个印本就明言是参照了来自四川的范本。

五代时期，北方陷入混乱，而长江以南的南唐和钱氏吴越国却独享一方安宁，宗教在这里得到发扬光大，钱俶曾"慕阿育王造八万四千塔。金铜精钢冶铸甚工。中藏宝箧印心咒经"。[5] 正是在这样的背景下，苏州地区的佛教信仰一直未能断绝，瑞光塔及其天宫发现的文物就是这一历史事实的见证。

（原发表为程义：《苏州博物馆藏大随求陀罗尼经咒汉文本的初步研究》，《吴越国文物特展》，韩国全州博物馆，2015 年）

---

［1］林谦三著，钱稻孙译：《东亚乐器考·铜钹的语源》，上海书店，2013 年。
［2］林谦三著，钱稻孙译：《东亚乐器考·铜钹的语源》，上海书店，2013 年。
［3］林谦三著，钱稻孙译：《东亚乐器考·弦乐器》，特别参见《卧箜篌的前历》，上海书店，2013 年；李村：《敦煌壁画中的横卧类弹弦乐器》，《交响–西安音乐学院学报》2014 年第 1 期。
［4］《大正新修大藏经》第 01 册 No.0024 起世经。
［5］《大正新修大藏经》第 49 册 No.2035 佛祖统纪。

跋苏州博物馆藏梵文本《陀罗尼经咒》图

苏州博物馆藏梵文本《陀罗尼经咒》1978年发现于苏州瑞光塔第三层天宫，原藏于真珠舍利宝幢内（后简称苏博本）。[1]中央画一长方形双线框栏，内绘佛教经变故事，栏内左、上、右三方，各镌墨线双圈四个，内绘黄道十二宫像，自左下起，依次为：白羊、天蝎、双子、巨蟹、天秤、狮子、宝瓶、双鱼、人马、金牛、室女、摩羯。栏框外周横排梵文经文，计四十七行。经文左右两侧各镌线刻神像十四名，合为二十八宿。上方绘花卉图案边饰，下方为题记，云："佛说普遍光明焰鬘清净炽盛思惟如意宝印心无能胜总持大明王大随求陀罗尼此陀罗尼者九十九亿殑伽沙如来同共宣说若有人志心诵念戴持颈臂者得十方诸佛菩萨□龙鬼神亲自护持身中无量劫来一切罪业悉皆消灭度一切灾难若有书写此陀罗尼安于幢刹能息一切恶风雹雨非时寒热雷电霹雳能息一切诸天斗诤言颂能息一切蚊蛮蝗虫及诸余类食庄稼者悉能退散□不尽功伏愿皇帝万岁重目千秋万民安泰入净真言唵引阿蜜□□帝咈发叱入触真言唵引骨噜□曩咈传大教梵学沙门秀璋书所将雕板印施功德伏愿亡过父母早生人天然愿合家大小平安男孟继升次男继朗孙男仁宣仁悦里头儿耿大户新妇平氏张氏孙男新妇张氏张氏王氏重孙女伴姑相儿更惜　　景德二年八月□日记。"（图一）

根据下部的汉文部分，很容易判断这个经咒就是《佛说普遍光明焰鬘清净炽盛思惟如意宝印心无能胜总持大明王大随求陀罗尼》，这个经咒不空译本经名有两种，

---

[1] 苏州市文管会、苏州博物馆：《苏州市瑞光塔发现一批五代北宋文物》，《文物》1979年第11期；苏州博物馆：《苏州博物馆藏古籍善本》，文物出版社，2012年。

图一　苏博本梵文《陀罗尼经咒》图

其一为《普遍光明清净炽盛如意宝印心无能胜大明王大随求陀罗尼经》,[1] 其一为其

后《仪轨》所载《金刚顶瑜伽最胜秘密成佛随求即得神变加持成就陀罗尼》。不空

[1] 不空:《普遍光明清净炽盛如意宝印心无能胜大明王大随求陀罗尼经》,《大正新修大藏经》第
　　20 册 No.1153, 第 616–626 页。

的两个译本经名似乎差异很大，但在仪轨的内文中却是《佛说普遍焰满清净炽盛思惟宝印心无能胜总持大随求陀罗尼》。显然，这个经名是采取不空的译本，另一个译本是宝思惟译出的，据云在不空译本出现后就不再流行了。这个经咒采取的是梵文，因为密宗最讲究的就是咒语的发音，所以唐玄奘法师明言五种不翻，陀罗尼即其一，秘密故不翻。关于唐宋梵文陀罗尼经咒的字体，过去冯汉骥先生曾认为成都龙池坊印本的字体就是天城体（Deva-Nagari）梵文，但是最近郭晓涛提出了不同的意见，认为龙池坊印本应该是六世纪兴起的悉昙体（Siddhamatrika）。他指出天城体是十一世纪才兴起的，天城体是印度文字中婆罗米（Brahmi）字母系统中的文字，天城体文字书写的形式是横平竖直、棱角分明，其字母的形状特征以"T"形为骨架，字母的上方均有一横杠顶线，行文过程中顶线相连，因而天城体的文字全部均为横写的。悉昙体字母的外部特征在最初的时候由单纯的线、点构成，而后在笈多王朝的时候，字母整体呈现曲线，形成优美的字体。[1] 将苏博本和龙池坊印本、西安沣西陀罗尼经咒以及目前能够确认的悉昙体文字日本法隆寺收藏的贝叶写本《般若心经》《佛顶尊胜陀罗尼》仔细比对，确实有明显的"T"形骨架，所以苏博本无疑就是当时刚刚兴起的梵文天城体。根据下部汉文部分末尾的"景德二年八月"的纪年可以得知，这个印版雕于公元 1003 年，亦即十一世纪初。这个经版的书写人为"传大教梵学沙门秀璋"。梵学沙门应该是专门研究梵文佛经的僧侣。据季羡林先生研究，中国人学习梵文的情况，我们知道的并不多。唐玄奘当时是跟外国人学习梵文的，到了义净时代，条件才好起来。很快中国成为除印度之外，研习梵文最重要的国家。根据"大教梵学沙门"的称谓来看，这时候中国佛教界和印度的联系非常密切，就连密宗经咒这一类对音义特别关注的文本的字体变化都是同步的，这不得不令人叹服。

关于密宗佛经和图像的关系，惠果直接指出"真言密藏经疏密隐，不假图画不能相传"，日本高僧空海也指出："法本无言，非言不显。真如绝色，待色乃悟。虽

---

[1] 郭晓涛:《大随求陀罗尼经咒考古二题》,《四川文物》2014 年第 5 期，第 66 页。

迷月指，提撕无极。不贵惊目之奇观，诚乃镇国利人之宝也。加以密藏深玄，翰墨难载，更假图画开示不悟。种种威仪种种印契，出自大悲一睹成佛。经疏秘略载之图像，密藏之要实系乎兹，传法受法弃此而谁矣？"[1]所以目前发现的陀罗尼经咒大多都是图文并茂式的。经咒的中心是以佛祖为中心的炽盛光佛变相。炽盛光佛是释迦佛之教令轮身，由于毛孔流出炽盛光焰，故有此称。炽盛光力可教令折服日、月、星宿等诸天神祇，是天变地异之际的修法本尊。盛唐以来，密宗有了很大的发展，作为一种修行的方法，对炽盛光佛及诸耀星宿的崇拜盛行起来。特别是"开元三大士"之一的不空和精通天文历算的密宗僧人一行等人的译经活动，推动了炽盛光佛信仰的传播。

因为炽盛光佛具有教令星宿的功能，所以在变相中他总是由五星（五曜或七曜、九曜、十一曜）、十二宫、二十八宿陪伴，乘车巡行、结坛静坐或日月伴一佛的结构。[2]苏博梵文本经咒即作最为常见乘车巡行式结构。巡行式炽盛光佛变相通常由坐在牛车上的主尊和周围的星宿组成。《炽盛光佛顶仪轨》规定了炽盛光佛图构图规则："当佛前面向佛，右边逐日顺转，安师子宫次女宫次秤宫次蝎宫次弓宫次摩竭宫，此六宫在佛右边。又从佛后顺转却向佛前，安宝瓶宫次鱼宫次羊宫次牛宫次男女宫次蟹宫，此六宫在佛左边与师子宫相接。当佛背后安虚宿，当佛前安七星宿，于此十二宫外安置二十八宿，各以本宫次第安置。"[3]根据目前的图像和文本记载，炽盛光佛的随从中，黄道十二宫与二十八宿等成员的数目固定，列曜则主要存在五、九、十一曜三种。虽然不空开元译本里已有了九曜之说，但目前所知最早的有纪年的作品晚唐乾宁四年（897年）的S.3326《炽盛光佛并五星神绢画》图像中却仍是五星，但其形象的塑造与佛经基本吻合（图二）。据廖旸女士的研究，另一幅敦煌藏经洞出土、现藏于法国的《炽盛光图》则已经有了罗

[1] 空海：《御请来目录》，《大正新修大藏经》第55册 No.2161，第1065页。
[2] 孟嗣徽：《炽盛光佛变相图图像研究》，《敦煌吐鲁番研究》第2卷，1977年，第34-39页。
[3] 失译者：《佛说大威德金轮佛顶炽盛光如来消除一切灾难陀罗尼经》，《大正新修大藏经》第19册 No.0964，第338页。

图二　唐乾宁四年《炽盛光佛图》

睺和计都，即已呈七曜的格局，很快五代时期就已是九曜为主了。[1]苏博本主尊周围即为九曜。九曜也称九执，大日经疏云，执有九种，即是日月火水木金土七曜及与罗睺计都合为九曜。日月及五星是大家习见的天体，但是罗睺和计都却是很陌生的字眼。根据约8世纪晚期译出的《七曜禳灾诀》中的有关记载，可考定罗睺、计都所具有的明确天文含义：罗睺遏罗师者，一名黄幡，一名蚀神头，一名太阳首。常隐行不见，逢日月则蚀，朔望逢之必蚀，与日月相对亦蚀。对人本宫则有灾祸，或隐覆不通为厄最重。常逆行于天，行无徐疾。计都遏啰师，一名

[1]　廖旸：《炽盛光佛构图中星曜的演变》，《敦煌研究》2004年第3期，第71-79页。

豹尾，一名蚀神尾，一名月勃力，一名太阴首。常隐行不见，到人本宫则有灾祸，或隐覆不通为厄最重。常顺行于天，行无徐疾。这些天体的形象在中国的史书、佛经里均有描绘，可以参见前引廖旸论文文末的附表。古代把星曜分为实星和虚星两大类，实星是指具有实体的日月和金木水火土，虚星是指罗睺和计都等实际不存在的星曜。罗睺和计都，沈括在《梦溪笔谈》中认为是白道和黄道的降交点和升交点。日本学者矢野道雄最早正确论断《七曜禳灾决》中的罗睺为黄、白道两交点中之升交点。此后，钮卫星通过对罗睺、计都历表的分析，并结合现代月球运动理论推算，得出相似的结论，考定罗睺、计都二隐耀的天文学本义为罗睺为白道升交点，计都为白道远地点。[1]

根据经咒星曜图像的观察，大抵是起初形象比较清晰，多由头部所加的动物形象，如金星加鸡冠，水星加猴冠，土星加牛冠等来区分，越晚图像就越难区分。[2] 苏博本九曜可分为前下和后下两组，前下方共六身，后下方三身。前下方六身形象比较明显的是靠近摩羯的背对观者的那一身，头部的鸡冠非常明显，应为金星。太白金星的形象变化很多，但是在隋唐时期就已定型，具体表现为一位美丽的年轻女子，着袍服，身上都有鸡或凤的元素，多手抱琵琶。这个形象在敦煌绢画上很清楚，正是一白衣女子，头戴鸟形冠，手持琵琶；另一位是双子座旁的那一位，呈怪兽形，持剑，可能是土星，因为土星"状如婆罗门，牛首手持锡杖"；人马座（弓箭）旁边的戴着花冠的女性，当为月神。因为月为女主，此身适合唯一女性形象，且冠饰华丽；如此，则位于下方的戴花冠的男性则为日神；位于月神和佛祖之间的女性形象，则为水星；手中捧一桃形物者，戴有华丽的冠饰，可能就是木星，其形象符合"形如卿相，手执花果（蟠桃）"（图三、图四、图五）；左侧三位，其中一位已比定为日神，其余两位，余欣等学者已经将其比定为罗睺和计都。我认为上部头发呈直立状的怪兽，即为计都，因为计都和彗星有关，这种直立的毛发或即彗

［1］钮卫星：《唐宋之际道教十一曜星神崇拜的起源和流行》，《世界宗教研究》2012年第1期，第85—95页。
［2］廖旸：《炽盛光佛构图中星曜的演变》，《敦煌研究》2004年第4期，第71—79页。

图三　苏博本经咒中心右下局部　　　　　　图四　苏博本经咒中心右上局部

星的形状。这种发型在大英博物馆藏五
代 CH.LVI0033《计都水星图》上也有
发现，头发确是专门刻画为向上飘拂状
（图六，1）；左下角持剑，头部有蛇伸出
的是罗睺。罗睺形象也在敦煌文书里幸
存下来。S.5666《罗睺星神像》（图六，
2），分上下两栏，上栏绘一神煞，面目
狰狞的神人即是罗睺。此外在 S.4279，

图五　苏博本经咒中心左下局部

S.3995 以及山西应县佛宫寺、宁夏贺兰宏佛塔，宁夏黑水城等地都有图像发现。[1]

　　九曜之外即是十二星座，也就是黄道十二宫。黄道十二宫依次为白羊座、金牛
座、双子座、巨蟹座、狮子座、处女座、天秤座、天蝎座、射手座、摩羯座、水瓶
座、双鱼座。黄道是指地球上的人观察太阳于一年内在恒星间所走的视路径。黄道
两侧各八度以内的部分称为黄道带，共宽十六度。古巴比伦人将黄道带均分为十二
部分，称为黄道十二宫（zodiac）。十二宫从白羊宫（当时春分点所在）开始，太阳
每月在天上向东移一宫，每宫 30 度，一年 12 个月恰好合周天 360 度。黄道十二宫
和占星术后来传到希腊，由希腊传入印度、中亚。一般认为，公元 6 世纪左右黄道
十二宫和这套占星术又随佛教传入中国。实际上早在三国两晋时期，十二宫已零星

[1]　余欣：《敦煌文献与图像中的罗睺、计都释证》，《敦煌学辑刊》2011 年第 3 期，第 105–116 页。

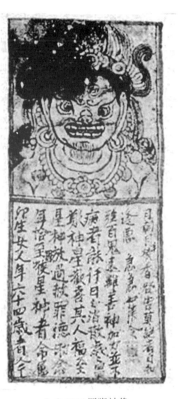

1. 计都水星图　　　　　　　　　2. S.5666 罗睺神像

图六

传入中国，并在文物上有发现，[1]初唐已有印有黄道十二宫的陀罗尼经咒。苏博本经咒的图案，从左下角逆时针依次是：白羊、摩羯、处女、金牛、人马、双鱼、宝瓶、狮子、天秤、巨蟹、双子、天蝎。这一顺序和现行的十二星座差别很大。距离此图时代较近的开宝五年《炽盛光佛图》（图七）的顺序为从右边开始依次为：白羊宫、金牛宫、双子宫、巨蟹宫、狮子宫、室女宫、天蝎宫、天秤宫、人马宫、摩羯宫、宝瓶宫、双鱼宫。这个顺序和现在流行的排列顺序大致相同，惟将天蝎、天

---

[1] 韦兵：《黄道十二宫与星命术：文人和他们的摩羯宫》，《文史知识》2015年第3期，第28-37页。

230

图七　日藏开宝五年星图

秤二宫位置弄颠倒了，天秤宫本来当在天蝎宫之前。[1] 著名的宣化辽墓天象图（图八），夏鼐先生做了深入的研究，其顺序则和现在通行的顺序完全相同。[2] 十二宫的图像大体相同，但是人马座的图像略有不同，有时候是以弓和箭代表，有时候是以骑马射箭的射手代表，但是宣化辽墓却画为一人头马身形的怪兽，这和希腊人马座比较接近。所以我们推测，这个图像顺序是雕版人所据原

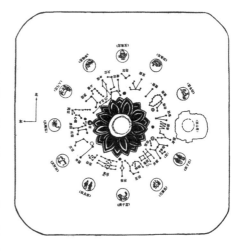

图八　宣化辽墓星象图

[1] 韦兵：《日本新发现北宋开宝五年刻〈炽盛光佛顶大威德销灾吉祥陀罗尼经〉星图考》，《自然科学史研究》2005 年第 3 期，第 214−221 页。
[2] 夏鼐：《从宣化辽墓的星图论二十八星宿和黄道十二宫》，《考古学报》1976 年第 2 期，第 35−58 页。

本的错误，或者是雕版过程中出现的错误，并不是专门设计的结果。因为较前的和较后的同类图像都有比较正确的顺序。但是根据开宝星图的偶尔错误来看，在唐宋之际，人们对黄道十二宫的认识还是相当的陌生，以致它的顺序时有错乱。

在梵文经咒的外圈左右两侧竖排两列神像，神像均作宽衣阿冠状，头后有一圆环，代表背光之类，形象几乎完全雷同。每列 14 位，合计 28 位，代表 28 星宿。关于二十八宿的起源争议非常大，但学界均承认中国是二十八宿的最后完成地，至迟在战国时期已经有了完整的表述，并得到广泛的使用。我国的二十八宿是将天球赤道附近的天空，划分为二十八个不等部分。每一部分作为一宿，用一个位于当时（即创立二十八宿时候）赤道附近的星座作为标志，并且用这些星座中一个星作为距星，以便量度距离。二十八宿分属四方，它们的名称是：东方苍龙七宿（角、亢、氐、房、心、尾、箕），北方玄武七宿（斗、牛、女、虚、危、室、壁），西方白虎七宿（奎、娄、胃、昴、毕、觜、参），南方朱雀七宿（井、鬼、柳、星、张、翼、轸）。"宿"本来是过宿旅舍的意思。最初，二十八宿是用以标志月亮在一个恒星月中的运动位置。二十八宿实际就是人们观测月亮经行一周天的近似周期。后来又加入北斗星的参考作用，以斗柄所指的星体进一步确定节气。湖北随县擂鼓墩曾侯乙墓所出土的漆箱盖上已列有完备的二十八宿宿名，湖北云梦睡虎地秦简《日书》已有关于二十八宿占卜的记载。西安交通大学西汉壁画墓里就绘有二十八宿星图，并且每一宿都有相应的人物或故事来代表，如箕宿为一盘坐侧望的男性，牛宿为一牛，女宿为一盘坐女性，毕宿为一男子捕兔等等。[1]此后较为清楚的就数吐鲁番出土那件唐代星图写本了，在每一宿旁边都有一幅画像。夏鼐先生在研究宣化辽墓星图时认为中国的二十八宿，有下面几点要说明一下：1. 它是以赤道为准，不是以黄道为准。2. 它虽以赤道为准，但并不是每宿都是适当赤道的；它们的距星，似乎也都不适当赤道，不过大多数在赤道邻近，或者可以说在一条类似黄道带（黄道带包括黄

---

[1] 陕西省考古研究所、西安交通大学：《西安交通大学西汉壁画墓》，西安交通大学出版社，1991 年；雒启坤：《西安交通大学西汉墓葬壁画二十八宿星图考释》，《自然科学史研究》1991 年第 3 期，第 236—245 页。

道两边各 8 度）的而以赤道为准的宽带上。3. 各宿都由距星起算度数，而各宿的广度不同。4. 二十八宿并不是恒星中最明亮的，并且也不是赤道附近最明亮的星宿。5. 二十八宿当初是作为月宿，各宿为月离所系（"月离"即"月躔"，指月亮在恒星间所经行的位置，即运行的宿度）。6. 二十八宿和占星术。夏先生对二十八宿的起源，研究现状等等都做了很重要的整合，[1]是利用考古资料研究这一问题的开启者，随后郑绍宗先生也利用宣化辽墓新发现资料对此问题做了进一步挖掘。[2]二十八宿的表现手法，有仅仅星图表现的，也有以人物等配合星图表现的。著名的宣化辽墓星象图就是仅仅只有星象，而吐鲁番初唐星图（图九）和北宋开宝五年星图则是星图和人物配合式的。苏博本则是极为简单人物单列，并且形象简化、几乎相同。这表明这一图式已经有了一定的传播与认同基础，不在细节方面进行刻画，人们也能理解其中的含义。

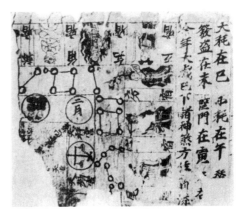

图九　吐鲁番初唐星图

根据科技史家的研究，二十八宿早在公元前七世纪就已成型，黄道十二宫最初起源于古巴比伦，公元前二世纪后由希腊定型并传入印度。佛教是公元前后，也就是东汉明帝时期传入中国，这时候中印的文化才进入深层次的交流。这两个系统是东西两种不同的划分天球以观测日月星辰运行的体系，随着佛教传入，东西两种不同的星宫体系发生了接触。最早将十二宫与二十八宿画在一起的是吐鲁番出土的一件唐代历日残件，学术界一般认为是八世纪的写本，仅存二十八宿的轸、角、亢、氐、房、心、尾七宿名称及星图，黄道十二宫存双女宫、天秤宫图案及天蝎宫名称。此后便是开宝五年星图和宣化辽墓星图。那么我们根据佛经内容中已有黄道十二宫和二十八宿相配的记载来判断，即可明了此二者的配合应是

[1] 夏鼐：《从宣化辽墓的星图论二十八星宿和黄道十二宫》，《考古学报》1976 年第 2 期，第 35-58 页。
[2] 郑绍宗：《宣化辽壁画墓彩绘星图之研究》，《辽海文物学刊》1996 年第 2 期，第 45-60 页。

在印度完成的，亦即二十八宿早在隋代以前已经传入印度，并被印度天文学和佛教徒所接受。至于什么时候二十八宿传入印度，通过什么路径传入，并被接受，这是个学界争论已久的问题，确如夏鼐先生所言"殊难确定"。

与此问题相关的还有我国习见的十二时、十二辰及十二生肖的问题。在宣化辽墓星图里也有十二宫二十八宿和十二生肖相配合的图式。关于十二生肖的起源，自古至今，众说纷纭。十二生肖是记人的生年属相的，亦称十二属相，用以纪年、纪月、纪日或纪时辰时，则称十二兽历。十二生肖（兽历）广泛流行于亚洲诸民族及东欧和北非的某些国家之中，几乎是一个具有世界性的民俗现象。其起源主要有三种观点：1. 外来说，以郭沫若先生为代表，认为起源于古巴比伦黄道十二宫；2. 本地说，以吴裕成先生为代表，认为源于中国本土文化；3. 两者结合说，以李树辉先生为代表，认为源于古巴比伦十二兽历，其后由印度与中国本土改造形成。

这个问题目前尚无定论，但是 1975 年湖北云梦县睡虎地 11 号墓出土一批战国晚期至秦代的竹简，其中《日书》载有十二生肖的名称，1986 年甘肃天水放马滩 1 号秦墓发现的简牍《日书》中亦有十二生肖的记载。这就使人更加相信十二生肖可能是中国的发明，而后传入东亚东北亚各地。[1] 十二生肖表示生岁与中国古代历法有直接关系。中国历史上最初用帝王即位的年次纪年，战国中期改用岁星纪年法，东汉建武三十年又改用干支纪年法，一直沿用至今。岁星纪年是战国占星家把岁星（木星）一周天视运动等分为十二个星次（古称十二次），以岁星逐年所在的方位名称作为岁名，用来纪年的方法。岁星纪年很早就有，但岁星纪年在战国中期才正式在各国开始实施。岁星纪年是沿天赤道，自北向西，向南，向东依次右旋，将周天划分十二个星次，但当时人们已经习惯于古已有之的地平坐标十二支，其方向与顺序正好与十二次相反。所以，岁星纪年法在当时似曾使人大感不便。于是，占星家便设计了一个假岁星，称为太岁，让它与真太岁"背道而驰"，以便和十二次方向和顺序保持一致，并用来纪年，这就是所谓太岁纪年。然而，木星绕天一周的运动

---

[1] 林梅村：《漫话十二生肖》，《瞭望》1990 年第 34-35 期，第 35-36、36 页。

实际不是十二年，而是 11.86 年。所以后来的干支纪年只是一套抽象的符号，和太岁岁星所在没有直接的关系。因为十二支是对周天的分割，而一周天又分为二十八宿，所以十二支或十二次又可以和二十八宿配合，但需要注意的是，二十八宿并不是等距分布，所以十二支和二十八宿的配合也绝非均衡分配。当然，天文学家钱宝琮先生认为，十二支十二次可能和二十八宿的四象有关系，每象四次，适为十二次。他还做了一张十二次二十八宿十二时的对应表，可以参看。[1]

因为十二支早在殷商时期，甲骨文中已有记载，因此吴宇虹认为殷商人由观测木星轨道而独立发明了十二辰划分周天法、二十八宿标志黄道法和十干十二支配合六十计日法是完全可能的和非常合理的。[2]文献中将十二支和十二兽配合的记载最早要数东汉王充的《论衡·物势》，但是，出土文物表明，这一套十二支配十二兽的系统，可能起源于先秦，至少在秦代已经很完备了。最近李菁叶对睡虎地秦简和放马滩《日书》中的十二生肖进行了比较研究，认为睡虎地秦简与放马滩秦简《日书》中出现的配有干支的十二兽应是后世十二生肖的雏形。十二兽的选取有自身的特点，可分为有利于先民生产生活的"六畜"和不利于先民生产生活，或是暗示灾害的野兽。其形成与发展与古代劳动人民生产生活及社会思想发展息息相关。[3]

据夏鼐先生的研究，产生于中国的二十八宿、十二次的作用和黄道十二宫的作用比较接近重复，所以它们如何结合并传入中国的历史也不太明白。但根据佛经的记载，黄道十二宫最迟在隋代已有系统的记载，且其图像也随之传入中国。二十八宿传入印度和黄道十二宫相结合后又传入中国。因此，与二十八宿关系密切的十二生肖也就随之与其结合，并根据需要和喜好进行繁简不同的组合。

此图尚需注意的是最底端两角的两个人物，一般都认为是神将或武士之类的护法神，但是经过放大图版观察之后，我们发现，其头部的角形物和经咒中心的罗睺

---

［1］《中国大百科全书·天文学》，十二次十二辰条，第318-319页。
［2］吴宇虹：《巴比伦天文学的黄道十二宫和中华天文学的十二辰之各自起源》，《世界历史》2009年第3期，第115-129页。
［3］李菁叶：《睡虎地秦简与放马滩秦简〈日书〉中的十二兽探析》，《南都学坛》2011年第5期。

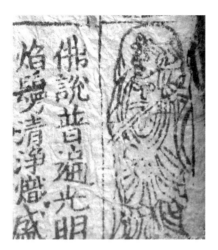

图十　苏博本经咒右下角局部

计都头部的形象比较接近，且所着衣物亦非神将常见的甲胄，而是袒胸的袈裟之类的衣物（图十）。如此一来，这一图像就不可能是护法神，而是另有所指。这两人物我认为即是十一曜之四余中之剩余二曜"紫炁、月孛"。廖旸在整理四余星曜的图像志时指出月孛往往呈手握宝剑利器的形象，而头部有蛇是罗睺计都等外道形象的代表性图式，如此将此二人物定为四余之"紫炁、月孛"是可信的。紫炁、月孛分别代表月球在白道的近地点和远地点。因为五代宋初，也就是唐宋之际，正是九曜向十一曜转化的时期，[1] 人们对"月孛、紫炁"尚处于理解接受的过程，因为此二余在图像中处于不稳静的状态。我们还可以进一步推断，这个雕版所据的底版实际上并无十一曜的观念，但是在刊刻时十一曜已有一定的流行基础，所以雕版的设计者就在版片的外围添加了两个外道人物来表示"月孛、紫炁"，以足十一曜之数。

总而言之，苏博本经咒图是目前较早的九曜十二宫二十八宿配合的经咒，比较早的日本上之坊藏开宝五年陀罗尼经咒要更加抽象化、形式化，其准确度和科学性均不如前者，且十二宫的排列也错误甚多。其制作者可能并不理解十一曜和十二宫的具体含义和作用，因此在设计雕版时，只是凑足数量而不管其具体的排列与组合。当然，经咒是宗教用品，它并不是严格的诸如历书星图之类的科学著作，其准确度科学性也并不是其关注点，也因此，这经咒只可作为佛教史资料来研究，对天文学史的意义就远不如开宝五年星图及宣化辽墓星图那么重要。

（原发表为程义：《跋苏州博物馆藏梵文本〈陀罗尼经咒〉图》，《西部考古》第11辑，三秦出版社，2016年）

---

[1] 钮卫星：《唐宋之际道教十一曜星神崇拜的起源和流行》，《世界宗教研究》2012年第1期。

苏州林屋洞出土道教遗物介绍

　　林屋洞位于苏州西南太湖之中的西山岛上，今金庭镇东部湖滨，地理坐标北纬31°06′20.9″，东经120°18′20.2″。古时称毛公洞、包山洞、龙洞、林屋洞，有"天下第九洞天"之称。林屋洞洞口石壁上镌刻着"天下第九洞天""林屋洞""仙府""灵威丈人得大禹素书处"等大字。1982年整修该洞时，出土梁天监二年二十名道士隐居洞中修道记事的石碑[1]、五代神像、金龙、玉简及少量陶瓷器。梁代道士题名碑和五代神像仍保留在林屋洞景区，其余文物一直保存在苏州博物馆，笔者因编撰《苏州博物馆藏出土文物》图录而得以亲见此批文物。为便于大家的研究和欣赏这批文物，专撰此文，予以介绍。

一、金　属　器

　　（一）金属龙，共8条，其中金龙4，鎏金铜龙2，铜龙2。

　　（1）1号、2号龙，馆藏编号金新48、49。分别长23.5厘米、高8.5厘米、毛重40.23克；长24.5厘米、高8.3厘米、毛重40.35克。二龙形制基本相同，纯金质，分头、身、尾，头尾为片状，经剪裁、捶打、錾刻成型。身体成合瓦状，中空，先用金片经剪裁、捶打、錾刻成型，再对折。三部分分别制成后再焊接组合成

---

[1]　经多次探访和调查，并未发现该碑踪迹。

整体。龙头高昂，上颚突出，嘴大张，长舌，双角较短，不分叉，无须，发较短，蛇颈，身躯细长，腹部较细，略弯曲，无背鳍，兽足，肘毛不明显，虎尾，较长而三曲。此龙整体修长，遍饰錾刻的 c 形鳞片（图一）。

图一　1号、2号金龙

（2）3号金龙，馆藏编号金新050，长 15 厘米、高 5.2 厘米、毛重 9.78 克。金质，捶打剪裁成型，片状。龙头高昂，上颚突出，舌细长，口大张，下颚下卷，鹿角不分叉，尖端上曲，有须，长发后披，蛇颈，腹身粗壮，上曲，虎

图二　3号金龙

尾上扬，前胸有长飞翼，四瓣兽足，肘毛明显，火焰状背鳍，前双肢举起，一后肢蹬地，另一后肢抬离地面。此龙形体粗壮有力，全身饰较大的 c 形鳞片（图二）。

（3）4号龙，馆藏编号金新051，残长 10 厘米、高 7 厘米。纯金质，以金箔经剪裁冲压而成，出土时已经严重破损。龙头高昂，上颚突出，肩部有发后披，蛇颈，尾部下垂，似和后肢缠绕。足下踩云朵，前肢上举，有锯齿状背鳍，全身饰 c 形龙纹（图三）。

图三　4号金龙

（4）5号龙、6号龙，原编号出土1339、1340。分别长13.8厘米、高5.7厘米；残长12.5厘米、高5.6厘米。铜质，鎏金，铸造成型。龙头高昂，上颚突出，下颚较短，口微张，角较短不分叉，无须，发后披，蛇颈，腹身粗壮，上曲，虎尾，缠绕在后肢上，三瓣兽足，肘毛明显。此龙形体粗壮有力，全身饰较大的c形鳞片。鎏金已有脱落（图四）。

图四　5号、6号金龙

（5）7号龙，原编号出土1341。高4.5厘米、长9.5厘米。铜质，铸造成型。龙头扬起，上颚突出且上卷，下颚较短，口微张，颈较短，下颚和前胸相连，鹿角，不分叉，较短，无须，发较短，腹身粗短，虎尾，尾稍上卷，三瓣兽足，无肘毛，波形背鳍，饰稀疏的c形鳞片（图五）。

图五　7号金龙

（6）8号龙，原编号出土1342。高2.4厘米、长5.1厘米。铜质，铸造成型。龙头扬起，上颚突出且上卷，下颚较短，口大张，颈较短，右前肢举起和下颚相连，鹿角，不分叉，较短，无须，发较短，腹身粗短，虎尾，尾稍下垂和左后肢相连，三瓣兽足，无肘毛，波形背鳍，身腹饰稀疏的c形鳞片（图六）。

图六　8号金龙

（二）金钮，原编号金新052、053、054，旧称金戒指，共三件。尺寸分别为外径2.2厘米、内径2厘米、宽0.85厘米，毛重4.25克；外径2.1厘米、内径1.85厘米、宽0.85厘米，毛重3.99克；外径1.95厘米、内径1.7厘米、宽

图七　金钮

0.72厘米，毛重2.2克。纯金质，光素无纹，由金片锻打成断面瓦形后，叠焊成型（图七）。

二、玉　石　器

此次获得的玉石器主要是玉简，共三枚，分别为出土1160-19、1160-20，另有一残简未编号。

大玉简纵37.9厘米、横9.9厘米、高2厘米；小玉简纵35.7厘米、横7.5厘米、高0.9厘米。玉简均为长方形，大理石磨制而成，其中较小者表面似有纺织物的痕迹。均有字，但其余两简文字已残缺不全或模糊不清，大玉简文字清晰可见。此简正面阴刻六行楷书"嗣天子臣恒上为宗庙下为群生请福祈恩消灾散咎谨就／玉清昭应宫太初殿命道士□十一人开启金箓大斋二七日伏奠和天安地保国宁民恭祷／嘉灵别陈太□今以告祈已毕斋事周圆谨以旧式诣／苏州林屋□□□□金龙玉简□神愿仙飞行上□／五岳真人至圣至真□□□□□闻□□□□金龙驿传／天□二年岁次戊□九月庚□朔十日□□斋□内告文"，背面正中阴刻楷书"入内侍省内西头供奉官臣王从政"。此简已断为两节，光素无纹。小简下半段残留"谨依旧式诣……奉……源观道场内吉时拜上"。仅存半段者，残存部分为上半段，经仔细辨认，可知此简原为六行，其中第三行有一"人"字和一"州"字，依稀可辨（图八）。

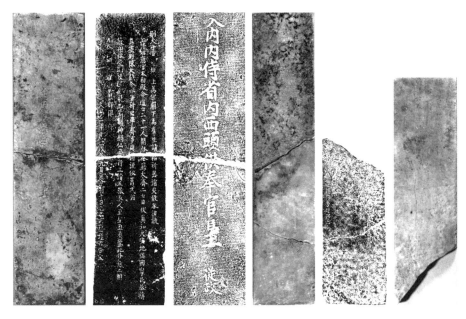

图八　玉简

三、陶瓷器

在清理洞底淤泥时共发现瓷器6件，其中瓷钵4件，碗1件，瓷杯1件。

（一）瓷钵，共4件，均为青瓷或褐釉瓷。

（1）斜腹青瓷钵，集1159：15，青瓷，高4.7厘米、口径15.7厘米、底径6.8厘米，直口，斜直腹，平底。胎青灰色，较粗，底部旋痕明显，内外口沿施釉，淌釉明显（图九，1）。

（2）直口青瓷钵，集1159：13，青瓷，高5.4厘米、口径16厘米、底径8厘米，直口，折腹，小平底，微内凹。胎青灰色，腹部旋痕明显，施黄白色化妆土，釉面全部脱落（图九，2）。

（3）青瓷褐斑钵，集1159：14，青瓷，高5.8厘米、口径15.2厘米、底径8.3厘米，直口，直壁，下腹急收，成平底。胎青灰色，内外施釉，外壁釉不及底，露

图九　瓷器

胎处呈火红色，口沿下饰圆形褐斑一周（图九，3）。

（4）褐釉钵，集1159∶12，褐釉青瓷，高6厘米、口径16.6厘米、底径9.5厘米，唇口，宽沿，沿下内收，腹略鼓，下收成平底，底内凹。胎红灰色，内外施釉，不及底，有剥落（图九，4）。

（二）青瓷圈足碗，共1件，集1160∶16，高6.7厘米、口径14.8厘米、底径5.9厘米，唇口，斜腹，圈足，圈足内挖削不规整。胎青灰色，腹部有明显的瓦棱纹，青釉，已全部剥落（图十，1）。

图十　瓷器

（三）白瓷杯，共 1 件，集 1160：21，高 3.5 厘米，口径 6.1 厘米、底径 3 厘米，直口，直腹，圈足。胎质细腻洁白，通体施青白釉。残破，已修复（图十，2）。

四、简单的结论

林屋洞唐宋道教投龙遗物，包括 8 条金龙，3 枚玉简，3 枚金钮，6 件瓷器，时代涵盖了投龙最为盛行的唐代、五代、宋代，尤其是宋真宗天禧二年玉简和金钮的发现弥补了道教投龙史料的空白。武当山紫霄宫曾经发现过明代建文时期朱柏投龙遗物，包括一龙一简一璧，[1]研究者认为这是"目前见于公开报道有实物可凭的唯一一组较为完整的道教投龙活动遗物"。[2]林屋洞投龙遗物在时代上显然早于武当山发现者，尤其是金钮的发现弥补了空白。据南朝陆静修所撰《斋戒仪范》记载"初用金钮九只，连简沉之，后投不须，三过都止"，[3]因此金钮极为罕见。这次出土的所谓"金戒指"，形状适好符合"镇信威仪品"对金钮"如环之状""天子用金"[4]等的描述。宋代帝王投龙遗物虽已有哲宗[5]、徽宗玉简[6]的报道，但都只有拓本的报道，林屋洞宋真宗玉简是目前唯一收藏地点明确、实物可靠无疑的宋代帝王投龙遗物。因此，林屋洞投龙遗物是目前考古发现的时间最早、组合最完整的道教投龙遗物，其研究价值和史料价值不言而喻。

（原发表为程义、姚晨辰、严建蔚：《苏州林屋洞出土道教遗物》，《东南文化》2010 年第 1 期；另见程义：《宋真宗天禧二年林屋洞道教投龙遗物简介》，《中国道教》2010 年第 1 期）

［1］ 李俊：《武当山新近发现珍贵文物》，《江汉考古》1983 年第 2 期；丁安民：《武当山出土文物简介》，《江汉考古》1988 年第 4 期。
［2］ 王育成：《明武当山金龙玉简与道教投龙》，《社会科学阵线》1993 年第 3 期。
［3］《道藏》第 6 册，第 563 页。
［4］《道藏》第 31 册，第 438 页。
［5］ 据王士伦：《五代吴越国王投简》，《浙江省文物考古研究所学刊》，科学出版社，1993 年。
［6］ 施蛰存：《北山集古录》，巴蜀书社，1989 年，第 13 页。

后　记

　　本书的经费来自姑苏宣传文化人才的资金结余，原本设计了一系列研学活动和讲座，但因为疫情而无法正常举办。许是疫情期间线下会议和讲座骤减，教授们的写作热情反而高涨，学术出版物大增，原定的出版时间也就被迫延后。筹编本文集之时，我还在苏州博物馆工作，当时还曾戏言要终老于苏博。不料书尚未面世，人就调到了考古研究所。于是，这本文集似乎成了对苏博十余年工作的总结。

　　在苏博工作是令人愉快的。无论是工作环境，还是合作团队，苏博留给我的都是一段美好的回忆。十多年里陆续完成了《关中地区唐代墓葬研究》《吴国史新证》两本小书，也完成了博士后出站报告。其余时间主要用于整理和研究苏博馆藏文物，期间写的一些相关研究论文，构成了本书的主要内容。

　　疫情三年，对于每个人来说都是心情复杂的一段时光。对我个人而言，则是痛失至亲、不堪回首的暗淡岁月。疫情初起，我失去了母亲，疫情即将结束，我还未从母亲去世的阴影里完全走出来，又失去了父亲。父母都是地道的农民，没有什么文化。妈妈好一点，念过书，识些字。据父亲自己讲，经过建国初速成识字班学习，他能认识千把个字，会写自己的名字和一些简单的字。父亲是一个很要强的人，家里孩子多，负担重，要想维持一家人的温饱，就得付出比常人更多的辛劳。农村要想多得报酬，就得干一些危险活、超重体力活。我们家在太白山的南坡，山上中草药很多，他两次参加采药队到大爷池一带挖药。这一经历成了我们父子交流最多的话题，我的很多本草知识都来自父亲的启蒙。后来我在校园书摊上给他买了一本《药用植物学》，他一直放在床边，还包上了书皮。虽然他觉得太难看懂，但很多药草都认识，也算是一个乐趣吧。因为有一些本草知识的基础，我们父子经常会为一些问题展开讨论。记得有一次，他说丝瓜很怪，没开花，就结瓜了。我也有些纳闷，开花植物，一般都是先有花后有果，丝瓜也不应例外，幸运的是我们院子里本来就种了很多丝瓜，我们索性实地考察。经过仔细观察，我们发现丝瓜花蕾下边藏着一节细细小小的丝瓜，不细心察看根本就注意不到。我们初步得出结论：丝瓜确实是先有果实，后开花。后经过查阅图谱和资料才明白，那一小段是丝瓜的子房，受粉后雌花子房会继续膨胀，成为常见的果实，而非先结果后开花。类似讨论植物学的时候很多，有时候他和哥哥们会移栽一些此前我们没见过的植物。有人在山上发现了一株奇怪的植物，结出鲜艳的果实，吃了以后有中毒的迹象，我们家就移栽了一株到家门口。高中同学吴红是西大生物系毕业的，他按照我的描述鉴定出是天南星，和魔芋同科，全株有毒。经过这次事件以后，我们那里的人都知道这种植物有毒，后来也就没再发生过中毒事件。还记得儿时，我养过一只麻狗，经常咬伤不法之徒。为了给人治伤，父亲专门从海拔一千多米的高山移植来了著名的狗伤药"一根蒿"，我查过图谱，可能就是菁草。这些植物学知识为我研究环境，乃至后来的业余爱好埋下了种子。

要强之外，父亲还是一个严厉的人，脾气不太好，但又颇有理性，遇事即便想不通，只要身边的人略微点拨，就能明白。记得第一次我带女儿回家，他很高兴，但又无意间说了一句"要是个男孩就好了"，因为三个哥哥家都有男孩，但我觉得，这也不是什么大事。我就和他说，如果咱们每家都不喜欢女孩，每家都生个男孩，你想想下一代男孩都没媳妇了，是不是自己就把自己灭绝了？他一下子就明白了，说，对，男孩女孩都要有，自然就好。于是，每年女儿回家，都是尽着性子让她玩。父亲唯一的嗜好就是抽烟，那种自己种的老旱烟。女儿说爷爷抽烟太臭了，摇着小手使劲扇，她爷爷就走到门外，坐在屋檐下去抽。年纪大了后，有一年忽然觉得抽烟后不舒服，自然而然就戒掉了。他们那一代年轻时生活非常艰苦，改革开放后，农村生活也有了很大改观，子女都成了家，基本没了负担，父亲也偶尔打打扑克，推推天九，搓搓麻将，但随着时光的推移，村里老人相继去世，四人游戏有时候都配不齐整了，小孩子们偶尔也会陪他们玩玩，但更多时候父亲是孤独地坐在家门口，仿如一座剪影。虽有两个哥哥照顾，但2019年底母亲去世，对年迈的父亲打击很大。2023年元旦假期，父亲忽然就病倒了，仅仅三天，人就走了。父亲生于1932年，这个年纪离世算是高寿，唯一的安慰是没受太多病痛的折磨。

父亲没啥文化，但大道理上是通透的，比如供我们兄弟读书，教育我们团结兄弟、孝敬父母、万事早做打算。记得我都上大学了，他老人家还要教我学会套牛、犁地耙田。他说我们家世代为农，学点农活有好处，万一哪天生活有变故，回到山里，做个农民，照样可以养家糊口。父亲就是这样一个传统又朴实的老农。回想起来，我在人生道路上能走到今天，与父母言传身教的立身处世之道密不可分。

父母给了我们全世界，而我们却因为工作生活等等原因，一年也就能回去和他们团聚几天。疫情三年几乎无法探亲，待到能自由流动时，父母却永远离开了我们，留给我们无尽的遗憾与思念。

父母虽然走了，但我随时能感受到他们的存在，他们的点点滴滴时时涌现在我的脑海里，感谢父母无尽的爱。谨以此书献给我们的父亲程德润、母亲薛存仙！

2023年5月泪目于苏州忘忧草堂

图书在版编目（CIP）数据

学步集：吴文化器物与文献研究 / 程义著 . —上
海：上海古籍出版社，2023.9
ISBN 978 - 7 - 5732 - 0831 - 6

Ⅰ . ①学… Ⅱ . ①程… Ⅲ . ①文物–考古–华东地区
–文集 Ⅳ . ①K872.504-53

中国国家版本馆CIP数据核字（2023）第165194号

学步集：吴文化器物与文献研究
程 义 著
上海古籍出版社出版发行
（上海市闵行区号景路 159 弄 1-5 号 A 座 5F 邮政编码 201101）
（1）网址：www.guji.com.cn
（2）E-mail：guji1 @ guji.com.cn
（3）易文网网址：www.ewen.co
上海展强印刷有限公司印刷
开本 700×1000 1/16 印张16 插页2 字数240,000
2023 年 9 月第 1 版 2023 年 9 月第 1 次印刷
ISBN 978-7-5732-0831-6
K · 3447 定价：78.00 元
如有质量问题，请与承印公司联系
电话 021-66366565